그리스도인의 착각 25

그리스도인의 착각 25
착각의 자유에서 진리의 자유로

문인수 지음

차례

여는 글 7

Chapter 1　　신앙에 관한 5가지 착각

1　강도는 큰 죄, 거짓말은 작은 죄?　16
2　나만큼만 잘 순종하라고 그래　24
3　겸손은 힘들어　33
4　먹고살기도 빠듯한데 헌금은 무슨　41
5　묵상이 저절로 되는 신비한 책?　51

Chapter 2　　기도에 관한 5가지 착각

1　왜 내 기도는 안 들어주시는 걸까　60
2　감기약은 무슨, 기도해!　78
3　기도하면 5분 넘기기가 힘들어요　86
4　모든 것을 다 아시는 하나님이라며?　94
5　뭘 이런 것까지 기도해　103

Chapter 3　　시간에 관한 5가지 착각

1　이젠 끝이야, 너무 늦었어　114
2　나중에 하지 뭐　124
3　난 더 이상 못 기다려　136
4　작심삼일은 나의 것　151
5　난 할 만큼 다했어　167

Chapter 4　　인간관계 관한 5가지 착각

1　절대 용서할 수 없어　180
2　내가 뭘?　196
3　나, 이런 사람이야　204
4　내가 주만 바라보나이다!?　212
5　이게 다 널 사랑해서 그러는 거야!　221

Chapter 5　　삶에 관한 5가지 착각

1　이 모든 것을 누려~　234
2　꿈은 이루어진다　247
3　사내 녀석이 울기는　262
4　스마트폰 없이는 못살아　273
5　왜 '나만' 이렇게 힘들게 살아가는 걸까　282

닫는 글 293

여는 글

한 주를 웃음으로 시작하게 해주는 KBS 방송의 〈개그콘서트〉. 국가적으로나 개인적으로 웃을 일이 많지 않은 요즘, 나는 이 프로그램을 거의 매주 빠트리지 않고 본다. 여러 코너들이 저마다의 특색을 가지고 다양한 웃음을 주기 때문이다. 그 가운데 오랫동안 인기를 끌었던 코너가 있다. 바로 '불편한 진실'이다. 생활 속에서 일어나는 여러 가지 상황들을 재현하여 웃음을 주는 코너였다. 그때 그 코너의 사회자로 나왔던 한 개그맨은 항상 다음과 같은 멘트로 이 코너를 시작했다.

"우리는 살면서 많은 진실과 마주하게 됩니다. 하지만 여러분이 알고 있었던 그 진실이, 진실이 아닌 거짓으로 밝혀진다면 여러분은 어떻겠습니까?"

우리는 자신이 알고 있는 사실이 당연히 진실이라고 믿고 산다. 그래서 상대방이 내가 알고 있는 것과 다른 의견을 진실이라고 주장하면 얼굴이 벌개지도록 언성을 높이며 싸우기도

한다. 나는 옳고 상대방은 틀렸다고 생각하기 때문이다. 자신이 살아온 수십 년의 인생이 삶의 기준이 되어 그것만이 옳은 것인양 살아간다.

그래서 부부싸움도 한다. 치약을 밑에서부터 짜건 중간에서부터 짜건 그건 습관의 차이일 뿐, 옳고 그름의 문제가 아닌데도 부부들은 목숨 걸고 싸운다. 그러다가 심지어 이혼에 이르는 경우도 있다. 자기가 살아온 생활방식만이 옳고 상대방은 틀리기 때문에 상대방이 고쳐야만 한다고 착각하기 때문이다.

같은 문제를 놓고도 보는 시각에 따라 다르게 해석하는 경우도 많다. 가장 대표적인 예가 신문이다. 한 가지 사건을 놓고 각 신문사마다 바라보는 관점이 너무나 다른 것을 보면 '어떻게 저렇게 정 반대의 생각을 할 수 있을까?' 하고 신기한 생각마저 든다.

허태균 교수는 자신의 저서에서 이렇게 말했다.

인간에게 가장 어려운 것이 무엇일까?
많은 것이 있겠지만,
그중 하나는 바로 자신이 착각하고 있다는 것을 알면서도
계속해서 착각하는 것이다.
누구든 자신이 착각하고 있음을 깨닫는 순간,
더 이상 그 착각을 계속하긴 어렵다.
반대로 우리는 자신의 믿음이 착각이라 밝혀질 때까지,
모든 믿음을 진실로 착각하며 살아간다.*

나 역시 이렇게 나의 믿음이 착각이라 밝혀진 순간까지 그 착각을 진실이라 믿으며 살았던 경험이 있다. 내가 어려서부터 믿어 왔고 30년 넘게 진실로 믿고 살았다가 40이 넘은 최근에야 깨달은 사실이다.

초등학교 시절, 미술 시간에 자주 사용했던 크레파스와 물감에는 색상마다 '빨간색', '파란색', '노란색' 등 각각의 이름이 인쇄되어 있었다. 그 가운데 낯선 이름의 색깔이 하나 있었는데 바로 '살색'이었다. 당시 학생들은 그 색의 이름에 대해서 이의를 제기한 적도 없었고 그럴 필요도 없었다. 사람을 그릴 때면 당연히 얼굴이나 손과 발에 살색만 칠하면 잘 그리는 그림이었다. 아무리 얼굴이 하얗더라도 살색을 칠해야 그것이 정말 '살색'이었다. 다만, 아프리카 사람을 그릴 때에는 '살색'이 아닌 '검은색'을 칠해야 했다.

하지만 평등권 침해라는 인권위 지적에 따라 지금은 '살색'이라는 색은 없어지고 '살구색'으로 이름이 바뀌었다. '아니, 내 살색이 이제 더 이상 살색이 아니라 살구색이라고?' 나는 오랜 시간 내 피부색이 살색이라고 믿어 왔다. 아니, 그것이 사실이다. 하지만 흑인들에게는 검은색이 살색이고 백인들에게는 흰색이 살색이다. 그러나 이제 내 피부색은 살색이 아닌 살구색이다. 단지 글자가 하나가 더해졌을 뿐인데 '살색'이 '살구색'이

• 허태균, 《가끔은 제정신》(쌤앤파커스, 2012), 12면.

되는 과정에서 나는 정신적 충격에 빠지게 되었다.

그렇게 나는 오랜 시간 착각 속에 살아왔다. 30년을 넘게 믿어 왔던 살색이 날 배신한 것이다. '아, 그럴 수도 있겠구나'라는 생각이 든 순간 앞으로 살면서 또 이런 일들이 있을 수도 있겠다는 생각이 들었다. 아니, 정말 그런 일들이 요즘 들어서 한두 가지씩 주변에서 일어나고 있다.

언젠가 텔레비전에서 뉴스를 보는데, 커피를 마시면 건강에 해롭다는 기사가 나왔다. 그래서 한동안 커피를 멀리했던 적이 있다. 그런데 최근에는 하루 한두 잔의 커피는 심장병 등 각종 질병예방에 도움이 된다는 연구 결과가 발표되었다.

어디 그뿐인가? MSG를 많이 먹으면 금방이라도 목을 움켜쥐고 죽을 것만 같았지만 식품에 첨가된 MSG는 건강에 전혀 해로울 게 없다는 뉴스도 나왔다. 커피나 MSG에 대한 진실은 변하지 않았지만 그것을 해석하는 연구 결과는 조사를 담당한 기관이나 시기에 따라 달라진 것이다. 과연 커피와 MSG는 몸에 좋은 것일까 나쁜 것일까? 커피와 MSG의 진실은 무엇일까?

그래서 요즘엔 차라리 이런 뉴스들에 신경 쓰지 않고 산다. 커피도 콜라도 매일 마시고 MSG가 들어 있건 없건 먹고 싶은 걸 그냥 사 먹는다. 이 음식들의 정체는 변하지 않았다. 앞으로도 그럴 것이다. 그것을 놓고 여기저기서 몸에 좋다, 나쁘다 계속 싸울 텐데 뭐가 진실이고 거짓인지 나로서는 정확히 알아낼 방법이 도저히 없기 때문이다.

우리의 신앙생활이라고 다를까? 안타깝게도 그렇지 않다.

아니, 오히려 이 세상살이보다 더 혼란스러울 때가 많다. 진리의 말씀을 매일 읽고 매주 듣지만 그리스도인 역시 그런 착각으로 점철된 '불편한 진실' 속에 살고 있다. '기도를 잘하고 있다'는 착각, '말씀을 잘 알고 있다'는 착각, '신앙생활을 잘하고 있다'는 착각에서 자유롭지 못하다. 자신의 신앙이 좋은 줄 착각하며 살아간다. 동시에 다른 사람의 실수에 대해서는 정죄하기에 바쁘다.

요즘에는 또 십일조를 내야 한다, 안 내도 된다 말이 많다. 어려서부터 십일조는 당연히 내야 하는 것으로 배웠는데 이제 와서 안 내도 된다니 참 기가 막힐 노릇이다. 그렇다면 지금까지 교회들은 재정을 확보하기 위해 십일조를 내야 한다고 주장해 온 건지, 아니면 그것이 정말 성경의 가르침이고 하나님의 뜻이라서 그러는 것인지 슬슬 헷갈리기 시작했다.

십일조를 내지 말자는 측 견해 역시 알쏭달쏭하다. 정말 신학적으로 깊은 연구의 결과 끝에 십일조를 반드시 낼 필요는 없다는 사실을 극적으로 밝혀낸 것인지, 아니면 사람들의 마음을 현혹하기 위한 쇼맨십에 지나지 않은 건지 말이다. 이러다가 정말 기독교의 본질 자체를 흔드는 이야기가 교회 내에서 나오는 건 아닌지 두려워진다.

자살을 하면 절대로 천국에 갈 수 없다고도 배웠다. 하지만 지금은 자살 역시 자신의 의지에 따른 것이 아니라 일종의 정신질환 때문에 발생한 것이므로 천국에 갈 수 있다고 말하는 그리스도인들이 있다. 미국에서는 목사들이 동성애자들의 결혼식 주례를 거절하면 처벌을 받을 수도 있고 동성애자인 목사의 안수도 허락하고 있다고 하니 이제 어디까지 더 가게 될지 궁금하다.

지금부터 풀어 나갈 이야기들이 아마도 독자들에게는 쉬운 내용일 수도 있고, 당황스러울 수도 있을 것이다. 교회를 이제 막 다니기 시작한 사람이라면 신앙생활에 도움이 될 수도 있다. 초등학교 입학 전부터 교회를 다니기 시작해서 하나님을 인격적으로 만나고 결국 목사가 되어서 수많은 목회자와 평신도들을 만나며 직접 겪고 들은 이야기들을 토대로 글을 썼다.

나는 청년 시절에 직장을 다니면서 평신도 사역을 하다가 미국에서 신학을 공부하고 목사가 되었다. 그리고 몇몇 대형교회에서 사역을 하기도 했으며 출판과 관련된 일도 했다. 그래서 목회자로서 바라보는 시각과 평신도의 입장에서 바라보는 시각을 균형 있게 가질 수 있게 되었다. 목회자로서 성도들의 삶을 제대로 알지 못한 채 말씀만을 강조하는 것이 아니라, 직장생활을 오랜 시간 경험한 평신도로서 현장의 소리를 좀더 자세히 듣고 체험할 수 있었기 때문이다. 게다가 (주)SK신우회 사역을 하면서 꾸준히 평신도의 삶을 지켜볼 수 있었을 뿐만 아니라 예배자로서, 목회자로서의 삶 또한 최선을 다하고 있다.

이 책이 지금까지 당신의 삶과 신앙생활을 통해 해결되지 않았던 의문들이 풀리는 계기가 될 수 있기를 소망한다. 진실이라고 믿었던 신앙의 모습들이 진실이 아닐 수도 있기에 자신을 더 객관적으로 돌아보는 시간이 될 수 있기를 바란다. '나는 참 신앙생활 잘하고 있는데 무슨 소리!'라는 생각에 전혀 변함이 없다면 하루 빨리 그 착각에서 깨어나야 한다.

2016년
한강을 바라보는 서재에서

문인수

신앙에 관한 1
5가지 착각

1 작은 죄는 지어도 된다는 착각

강도는 큰 죄, 거짓말은 작은 죄?

'솜 1킬로그램과 철 1킬로그램 중 어떤 것이 더 무거울까?'

어렸을 때 난센스 퀴즈로 자주 등장했던 문제다. 대부분의 사람들은 철 1킬로그램이 더 무겁다고 대답한다. 솜이건 철이건 모두 1킬로그램이니까 당연히 무게는 같은데도 말이다. 이러한 착각에 빠지는 이유는 사람들이 '솜보다 철이 더 무겁다'는 상식에 의존하여 양은 생각지 않기 때문이다. 이번에는 다른 문제를 풀어 보자.

'강도와 거짓말 가운데 어떤 것이 더 큰 죄일까?'

당신은 지금 속으로 '이걸 문제라고 내는 거야?'라면서 황당한 표정을 지을지도 모른다. 대부분의 사람들은 강도가 더 큰 죄라고 생각하기 때문이다. 하긴, 거짓말 좀 했다는 이유로 그걸 죄라고 말했다간 오히려 욕먹을지도 모르는 세상이다. 정치인, 경영인, 연예인 들은 공공연하게 거짓말을 하기도 한다. 꼭 그런 사람들이 아니더라도 보통 사람들 또한 하루에도 몇 번씩 거짓말을 한다. 어쩌면 사람들에게 거짓말은 일상이 되어 버렸는지도 모른다.

몇 년 전에 EBS 방송에서 〈거짓말〉이라는 다큐멘터리를 방영한 적이 있다. 이 프로그램을 보면 사람들이 일상생활 속에서 얼마나 자주, 그리고 쉽게 거짓말을 하는지 볼 수 있다. 예를 들어 약속 시간에 늦었을 때 길이 막혔다고 하거나, 보험 가입을 권하는 친구의 전화에 미팅 중이라고 둘러댄다. 친구와 함께 술을 마시고는 아내에게 회식을 했다고 말하기도 한다. 이런 식으로 우리는 하루 평균 세 번의 거짓말을 한다고 한다. 그리고 그 거짓말을 듣는 사람들도 크게 문제 삼지 않는다. 그 정도의 거짓말은 별 죄의식 없이 가볍게 여긴다는 뜻이다. 상황이 이러니 강도가 더 큰 죄라고 말하는 것은 당연한 일이다.

하지만 그리스도인이라면 이야기는 달라진다. 세상의 관습과 법은 하나님의 법과 다르기 때문이다. 그리스도인에게 하나님의 말씀은 세상의 법보다 우선해야 한다(그렇다고 해서 세상의 법이 무시되어야 한다는 말은 아니다). 강도와 거짓말은 하나님 앞에서 모두 '죄'다. 아니, 오히려 거짓말이 더욱 큰 죄일 수도 있다. 아나니아와 삽비라는 거짓말을 했다는 이유로 그 자리에서 죽었으니 말이다. 아나니아와 삽비라는 자신들의 소유를 팔아 사도들의 발 앞에 두었다. 당시 모든 물건을 통용했던 초대교회의 많은 사람들처럼 말이다. 거기까지는 좋았다. 하지만 이들은 막판에 꼼수를 부렸다. 땅 값의 얼마를 감춘 것이다.

> 베드로가 이르되 아나니아야 어찌하여 사탄이 네 마음에 가득하여 네가 성령을 속이고 땅 값 얼마를 감추었느냐 행 5:3

그들은 사도들에게 거짓말을 했고 더 나아가 성령을 속이려 했다. 그래도 괜찮을 거라고, 아무도 모를 거라고 생각했을 것이다. 하지만 예상은 빗나갔고 그 대가는 생각보다 훨씬 참혹했다.

아나니아가 이 말을 듣고 엎드러져 혼이 떠나니 이 일을 듣는 사

람이 다 크게 두려워하더라 행 5:5

그들은 사도들을 속일 수 있을 거라 생각했다. 물론 그럴 수 있었다. 하지만 하나님은 속일 수 없었다. 우리가 일상생활 속에서 거짓말을 밥 먹듯이 할 수 있는 이유는 하나님의 임재하심을 인식하지 않고 살아가기 때문이다. 교실에서 선생님이 있을 때와 없을 때를 보면 쉽게 알 수 있다. 선생님이 없는 교실은 그야말로 난장판이다. 하지만 선생님이 들어오시면 곧 조용해진다.

이처럼 우리 삶에 하나님을 모실 때와 그렇지 않을 때 우리의 행동은 확연히 차이가 나게 마련이다. 내 모든 삶을 지켜 보시고 나와 함께하신다는 믿음이 있다면 말 한 마디 행동 하나에도 늘 그분을 주인으로 인식하며 행동하게 된다.

그러다 보니 세상 사람들이 별것 아닌 것처럼 행동하는 것들이 그리스도인들에게는 가슴이 찢어질 듯 아픈 죄가 될 수 있다. 주변 사람들을 돌아보지 않은 것도, 부모님께 함부로 대한 것도, 주일예배를 거른 것도 하나님께 죄송한 마음뿐이다.

하지만 하나님을 자신의 삶에 주인으로 모시지 않고 사는 사람은 모든 것이 자기 마음대로다. 돈을 벌고 성공하기 위해서는 어떠한 불법도 서슴지 않는다. 가정이 있음에도 또 다른 애인을 만드는 것을 자랑으로 삼는다. 세금을 탈루하는 것을 비롯하여 온갖 불법을 저지르면서도 관행이라며 남들도 다 그렇게 한다고 합리화시킨다. 그들에게 삶의 중심은 하나님이 아넌 돈과 명예와 성공이기 때문이다.

왜 이런 상황이 발생하는 것일까? 그 이유는 죄에 대한 우리의 기준이 하나님과 성경이 아니라 현실적으로 우리를 지배하고 있는 세상의 법에 더 큰 영향을 받고 있기 때문이다. 하나님보다 세상의 법이 우선순위에 있을 때 우리의 신앙생활은 어려움에 직면하게 된다. 문화와 관습과 법 체계가 다른 나라에서 살면서 우리나라에서 하던 방식 그대로 하면 안 되는 것처럼 말이다.

미국 유학 중에 있었던 일이다. 교회 장로님께서 추수감사절이라고 유학생 몇 명을 집으로 초대하셨다. 명절이라 마침 장로님 딸 내외와 손자도 와 있었다. 그런데 장로님의 손자가 어찌나 귀엽던지 나는 다가가서 머리를 쓰다듬어 주었다. 그 모습을 보시고 장로님이 한마디 하셨다.

"전도사님, 미국에서는 아이들 머리 만지면 큰일 날 수도 있어요."

우리나라에서는 아이들이 예쁘면 머리 한 번 쓰다듬어 주는 것이 관심과 애정의 표현이자 칭찬이 될 수도 있다. 하지만 미국에서 그랬다간 부모들이 불쾌하게 생각하는 것은 물론이고 심할 경우 아동 추행 혐의로 경찰에게 체포될 수도 있다. 한국에서는 칭찬을 의미하는 행동이지만 미국에서는 범죄 행위가 될 수도 있는 것이다.

믿지 않는 이들에게 아무렇지도 않은 일상적인 것들이 그리스도인에게는 죄가 될 수 있다. 그리스도인들은 자신의 행동이 죄인 줄 알면서도 어쩔 수 없이 행하는 경우도 있지만 모르고 죄를 짓는 경우도 허다하다. 따라서 이 세상의 법에서 정하는 죄가 아니라, 하나님께서 우리에게 말씀하신 죄가 무엇인지 정확하게 알 필요가 있다. 그래야만 하나님 나라의 기준에 따라 제대로 된 신앙생활을 할 수 있다. 무엇이 죄인지를 알아야 주의하고 또 회개할 수 있기 때문이다. 죄가 죄인 줄 깨닫지 못하면 하나님께 회개할 수 없으므로 하나님과의 소통이 막히기 때문이다.

하나님 앞에서는 큰 죄와 작은 죄가 없다. 죄는 죄일 뿐이다. 오직 그분의 말씀을 순종했는지 하지 못했는지, 그분을 마음에 모시고 있는지 아닌지가 중요하다. 그래서 성경에서 말하는 죄는 세상 사람들이 말하는 죄와 많은 차이가 있다. 믿지 않는 자들이나 초신자라면 "그게 왜 죄야?"라고 반문할 만한 것들이 수두룩하다. 예를 들어 세상 사람들은 착한 일을 하지 않았다고 해서 그것이 죄라고 생각하지 않는다. 하지만 그리스도인에게는 죄라고 성경은 밝히고 있다.

> 그러므로 사람이 선을 행할 줄 알고도 행하지 아니하면 죄니라
> 약 4:17

눈이 높은 것과 마음이 교만한 것도 죄라고 말한다.

눈이 높은 것과 마음이 교만한 것과 악인이 형통한 것은 다 죄

니라 잠 21:4

세상 사람들에게 교만함은 '재수없다'는 말은 들을지언정 죄라고 할 만한 문제는 아니다. 그러나 성경을 통해 본다면 교만은 분명히 죄다.

화를 내는 것도 죄다. 지금은 안 그렇지만 전에는 하루에도 몇 번씩 아이들을 혼냈다. 서너 번은 참다가 한계치를 넘어서면 버럭 화를 내곤 했다. 그러고 나면 아이들에게 늘 마음이 미안해졌지만 그걸 죄라고 생각해 본 적은 없다. 그런데 성경을 보니 이렇게 화를 내고 노하는 것도 심판을 받을 일이라는 충격적인 말씀을 접하게 되었다.

옛 사람에게 말한 바 살인하지 말라 누구든지 살인하면 심판을 받게 되리라 하였다는 것을 너희가 들었으나 나는 너희에게 이르노니 형제에게 노하는 자마다 심판을 받게 되고 형제를 대하여 라가라 하는 자는 공회에 잡혀가게 되고 미련한 놈이라 하는 자는 지옥 불에 들어가게 되리라 마 5:21-22

화를 내는 것이나 살인을 하는 것이나 심판을 받는다는 점에서 차이가 없다는 말이다.

죄를 짓는 자마다 불법을 행하나니 죄는 불법이라 요일 3:4

사도 요한은 죄는 불법이라고 말한다. 큰 죄만 불법이고 작은 죄는 봐줄 만하다고 말하지 않는다. 어떤 조건도 없다. '죄를 짓는 자마다 불법을 행하나니 죄는 불법'이다. 작은 죄도 하나님의 말씀을 어기는 것이요 큰 죄도 그분의 뜻을 거스르는 것이다. 죄는 크고 작음의 문제가 아니다. 범하고 범하지 않고의 문제다. 하나님 앞에서 죄는 그 자체만으로도 불법이다. 내가 보기에 '이 정도 작은 죄는 그냥 넘어가도 괜찮겠지' 하는 안일한 마음으로 신앙생활을 한다면 그건 분명히 큰 착각이다.

나만큼만 잘
순종하라고 그래

'순종'

이 단어를 보는 순간, 당신은 머릿속에 무엇을 떠올렸는가? 조선 제27대 왕? '잡종'의 반대말? 교회를 다니지 않는다면 그럴 수도 있다. 하지만 당신이 그리스도인이라면 '순종'이라는 단어를 이런 의미로만 알고 있지는 않을 것이다. 구원받은 자로서 '아버지 되신 하나님의 말씀과 명령에 따름'을 의미한다는 것쯤은 교회에서 배워 잘 알고 있을 것이다.

그런데 이게 말처럼 쉽지만은 않다. 순종 자체가 어렵기도 하지만 이 단어의 진정한 의미에 대해 잘 모르거나 오해하고 있기 때문이기도 하다. 그렇다면 그리스도인들이 신앙생활을 하면서 경험하게 되는 순종에 대한 착각은 과연 무엇일까?

99.9퍼센트=100퍼센트?

오래 전, 트랜스지방의 유해성이 세간에 논란을 불러일으킨 적이 있다. 이것은 혈관에 쌓이면 각종 심혈관계 질환 발병률이 높아질 뿐만 아니라 당뇨병이나 암을 유발할 가능성도 크다고 알려져 있다. 주로 햄버거·피자와 같은 패스트푸드, 전자레인지용 팝콘·도너츠·비스킷·케익 등에 많이 들어 있어서 단맛을 좋아하는 아이들이 섭취할 가능성이 많다. 그래서 그 이후로 제과업체들은 신제품을 내놓을 때 '트랜스지방 0%'라는 단어를 포장지에 크게 강조하는 경우가 많아졌다.

그런데 문제는 여기에 있었다. 포장지에 '트랜스지방 0%'라고 표기했다 하더라도 트랜스지방이 전혀 안 들어 있다는 의미는 아니기 때문이다. 우리나라에서는 100그램당 0.2그램 미만이면 '트랜스지방 0%'라고 표기할 수 있다. 그래서 '트랜스지방 0%'라는 이 문구는 맞는 말일 수도, 틀린 말일 수도 있다. 미량이기는 하지만 트랜스지방이 들어 있을 가능성이 크기 때문이다. 가족의 건강을 생각해서 '트랜스지방 0%'라는 문구가 큼지막하게 박혀 있는 제품을 보고 '트랜스지방이 없는 제품이네!'라고 안심하며 무심코 집어 든다면 큰 착각일 수도 있는 것이다.

그리스도인들도 신앙생활을 하다 보면 이와 비슷한 경험을 할 때가 있다. 하나님 앞에 온전히 순종하지 않으면서도 '순종'이라는 단어를 너무 쉽게 사용하는 것이다. 순종은 100퍼센트 온전히 순종할 때에만 사용할 수 있는 말이다. 하지만 그러지 못하면서도 자신은 하나님 말씀에 순종하고 있다며 자신 있게 말하는 그리스도인들이 더러 있다. 물론 정말 그런 사람도 있겠지만 '트랜스지방 0%'라고 말하는 것처럼 눈 가리고 아웅하는 사람들이 대부분이다.

하나님 앞에서 우리는 순도 100퍼센트의 순종을 해야 한다. 인간의 합리적인 생각으로 보면 99.9퍼센트는 누가 보아도 순종을 잘한 사람으로 보일 것이다. 그러나 하나님 보시기에는 100퍼센트가 아니라면 99.9퍼센트는 0퍼센트와 마찬가지일 수 있다.

100미터 달리기에서 1등으로 달리던 선수가 결승선을 코앞에 두고 99.9미터에서 쓰러졌다고 치자. 아무리 뛰어난 선수라 하더라도 결승선을 통과하지 못했다면 그가 우승을 했다고 말할 사람은 아무도 없다. 나머지 0.1미터를 마저 달려서 100미터를 모두 다 뛰어야 우승할 수 있다.

아담이 에덴동산에서 저지른 죄도 별것 아니라고 생각할 수 있다. 길 가다가 남의 집 나무에 매달려 있는 사과를 하나 따먹기도 하고 어린 시절에는 커다란 수박을 몇 통씩 서리해도 죄라기보다는 하나의 놀이라고 여겼는데 선악과 하나 따먹은 것이 뭐가 그리 대수란 말인가?

하지만 선악과 안에는 "선악을 알게 하는 나무의 실과는 먹지 말라"(창 2:17)고 하신 하나님의 명령이 담겨 있었다. 하나님이 그렇게 말씀하신 이후부터 그 나무의 실과는 단순한 과일이 아니다. 하나님의 말씀의 의미와 가치의 중요성을 담고 있는 과실로 탈바꿈한 것이다.

아담과 하와는 단순히 과일 하나를 따먹은 것이 아니라 그 행위를 통해 선악과에 부여된 하나님의 계명을 어기는 중대한 죄를 저지른 것이다. 이로 인해 그들은 엄청난 대가를 치르고 고난의 인생을 살기 시작했다. 하나님이 명령하신 작은 실과 하나를 따먹지 말라는 말씀에 따르지 못한 그들의 불순종의 영향력이 지금 이 시간의 우리에게까지도 미친 것이다. 아무리 다른 율법을 잘 지킨다 해도 하나라도 범하면 모두 범한 자가 된다.

누구든지 온 율법을 지키다가 그 하나를 범하면 모두 범한 자가

야고보서 2:10

이 말씀 또한 인간의 관점으로 보기에는 합리적이지 못하다. 온 율법을 다 잘 지키다가 한 가지 죄를 범했다고 모두 범한 자가 된다니, 그렇다면 차라리 다 안 지키고 말겠다는 생각마저 든다.

하지만 그럴 수 없다. 그만큼 최선을 다해 모든 계명을 지키도록 노력해야 한다. 하나님의 말씀과 명령에 100퍼센트 순종하도록 최선을 다해야 한다. '이 정도면 되겠지' 하는 마음은 절대 금물이다. 인간이기에 허물과 실수가 있을 수밖에 없지만 그것이 하나님 앞에서 면죄부가 될 수는 없다. 100퍼센트를 하기가 너무 버거워서 차라리 0퍼센트가 되겠다고 지레 포기해서도 안 된다. 그분께 의지한다면 100퍼센트가 아니라 200퍼센트의 순종도 가능하기 때문이다.

"잠깐 생각 좀 해보고"

온전한 순종 못지 않게 중요한 것은 즉각적인 순종이다. 하나님의 말씀과 명령이 내게 전해질 때 그 즉시 순종해야 한다. 그렇지 않으면 순종이 아니다. '꼭 이렇게까지 해야 하나?' 하는 마음이 들면서 멈칫하는 순간 이미 순종하지 않은 것이나 다름없기 때문이다. 그래서 진정한 순종은 지체 없이 바로 행하는 '즉각적인 순종'이다.

아브라함이 그랬다. "떠나라"는 명령 한 마디에 모든 좋은 환경을 뒤로하고 미지의 땅을 향해 나아갔다. 이삭을 바칠 때에도 그랬다.

> 아브라함이 아침에 일찍이 일어나 나귀에 안장을 지우고 두 종과 그의 아들 이삭을 데리고 번제에 쓸 나무를 쪼개어 가지고 떠나 하나님이 자기에게 일러 주신 곳으로 가더니 창 22:3

자신이 애지중지 하는 아들을 제물로 바치러 가는 그 길은 아비로서 상상조차 하기 싫은 엄청난 아픔의 시간들이었을 것이다. 자녀가 감기에 걸리고 몸에 작은 상처만 나도 울컥해지는 것이 부모 마음일진대 제단의 제물로 바쳐야 하는 상황이라면 세상의 그 어떤 말로도 표현할 수 없었을 것이다. 아마도 아브라함의 머릿속에서는 '정말 이삭을 바쳐야 하나? 혹시 그냥 시험하시려고 한번 해본 말씀이 아닐까? 어떻게 얻은 아들인데 이제 와서 왜 이러시는 걸까? 하소연이라도 한번 해볼까?' 등 별생각이 다 들었을 것이다. 이제는 다시 못 볼 아들을 조금이라도 더 보기 위해 얼굴을 감싸 안으며 한참을 흐느껴 울고 싶었는지도 모른다.

그러나 아브라함은 그러지 않았다. 그 마음속은 어땠는지 몰라도 하나님께 받은 명령을 지체 없이 바로 순종했다. 다른 명령도 아닌, 세상에 둘도 없는 귀한 아들을 죽이라는 그 명령을 말이다. 그러고 보면 역시 '믿음의 조상'이라는 말은 그냥 아무에게나 주어진 것이 아니다.

그분의 명령을 받고도 '잠깐 생각 좀 해보자'고 지체하는 순간 우리의 인간적인 생각이 개입된다. 그로 인해 주어진 상황을 있는 그대로 받아들이지 못하고 자기 나름대로 해석한다. '왜 꼭 이렇게 해야만 하지? 저렇게 하면 더 좋을 텐데' 하는 마음이 드는 순간, 우리는 이미 하나님 머리 위에 올라서려고 하는 것이다.

그것이 불순종이다. 순종을 지체한다는 의미는 생각해 보고 괜찮으면 순종하고 손해 볼 것 같으면 그렇게 하지 않겠다는 말이기 때문이다. 그렇게 순종하는 것 자체가 순종이 아니다. 내가 생각하기에 이득이 있을 것 같으니까 순종하는 것은 순종의 탈을 쓴 자기만족에 지나지 않기 때문이다. 묻지도 따지지도 말고 즉각적으로 움직여야 순종이다. 말씀 속에서 깨달음을 얻을 때 바로 순종해야 한다. 그래야만 그분의 거룩한 뜻에 온전히 참예할 수 있다.

문득 누군가에게 전화나 문자 메시지를 하라는 깨달음을 주셨는가? 하던 일을 멈추고 바로 전화기를 들라! 그 한 통의 전화나 문자 메시지가 한 영혼을 살릴 수도 있다. 자살하는 사람들의 다수가 아픔을 함께 나눌 사람이 없었다고 한다. 누군가가 한마디만 해주었어도 살 수 있었는데 말이다. 그 '누군가'가 바로 당신일 수도 있다.

주변에 보면 생각나서 문자 메시지나 전화 한 통을 했을 뿐인데 연락을 받은 사람은 그것이 큰 도움이 되었다는 이야기를 자주 듣는다. 그것은 단순히 주고받는 커뮤니케이션 이상의 의미가 있다.

  몇 년 전이었다. 갑자기 선교 단체에서 사역하는 후배 생각이 났다. 박봉과 넘치는 업무로 늘 힘겨워했지만 순종과 헌신 하나로 버텨 온 후배였다. 문득 '문자 메시지를 보내야겠다'는 생각이 떠올라 나는 지체 없이 안부를 묻는 메시지를 보냈다. 그랬더니 바로 답장이 왔다. 사실 요즘 많이 힘들게 지내고 있다는 내용이었다. 걱정되는 마음에 바로 전화해 한 시간이 넘게 통화를 했다. 말을 들어 보니 그 후배는 선교 단체 일과 개인적인 일들로 정말 모든 것이 바닥까지 내려와 있었다. 차분히 이야기를 들어 주고 통화를 마무리할 무렵 그 후배는 하나님께, 그리고 나에게도 정말 감사하다고, 고민하던 문제가 해결되었다고 했다. 내가 한 거라고는 깨달음을 주신 하나님께 즉각 순종하여 문자 메시지를 보내고 이야기를 들어 준 것밖에 없는데 말이다.

100퍼센트 지체 없이!

  순종은 100퍼센트 해야 하며 또한 지체 없이 즉각적으로 해야 한다. 여기에는 한 치의 양보도 있을 수가 없다. 그것은 하나님께는 영광이 되고 우리에게는 축복이기 때문이다. 그리스도인의 삶은 순종하는 삶이어야 한다. 순종하지 못하면서 그리스도인의 삶을 운운하는 것은 말이 안 되는 소리다. 지금 당장, 자신이 내려놓지 못한 것, 100퍼센트 순종하지 못한 부분이 무엇인지를 되돌아보아야 한다. 응답은 받았으나 그대로 순종하는 것이 어렵고 두려워 지체하고 있는 것은 없는지도 잘 살펴보아야 한다. 아직까지 망설이고 있으면서, '남들이 모르겠지'라는 안일한 마음으로 순종하지 못한 부분이 있으면서도 온전히 순종했다고 생각한다면, 그건 큰 착각이다.

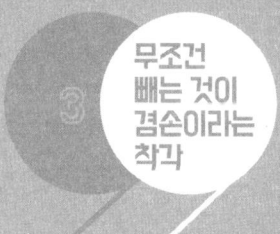

겸손은 힘들어

돌아가신 울 아버지 울 할머니 겸손하라 겸손하라 하셨지만
지금까지 안 되는 건 딱 한 가지 그건 겸손이라네

힙합 듀오 리쌍의 노래, 〈겸손은 힘들어〉의 가사 일부분이다. 돌아가신 아버지도 할머니도 늘 입버릇처럼 말씀하셨지만 지금까지도 안 되는 딱 한 가지가 바로 겸손이란다.

맞다. 정말 겸손은 힘들다. 어디까지가 겸손이고 어디부터가 '빼는 것'인지도 헷갈린다. 특히 유교적인 전통이 여전히 강하게 남아 있는 우리나라에서 겸손이란 '거절'이라는 단어와 일맥상통할 때가 많아서 더 그렇다. 선물을 주면 "아니에요!" 하며 정색을 한다. 그럴 때 정말 그 선물을 안 주면 나중에 오히려 욕을 먹는다. 칭찬을 할 때면 "제가 뭘요, 전 아무것도 한 거 없어요!" 하면서 뒤로 뺀다. 이것을 미덕이고 참된 겸손이라고 여긴다.

하지만 그것은 큰 착각이다. 사회생활에서는 겸손하다고 칭찬받을지 모르겠지만 그리스도인들에게는 다르다. 그러한 말과 행동은 겸손이 아니라 오히려 교묘한 교만이기 때문이다.

겸손에 관한 성 어거스틴의 유명한 일화가 있다.

성 어거스틴이 어느 날 자신의 제자들에게 이런 질문을 받았다.
"선생님, 그리스도인들의 최고의 덕목은 무엇입니까?"
어거스틴은 대답했다.
"첫째는 겸손이다."

"그러면 둘째는 무엇입니까?"
"둘째도 겸손이다."
"선생님, 그러면 셋째는 무엇입니까?"
"셋째도 겸손이다."
"그렇다면 선생님, 겸손의 반대는 무엇입니까?"
"교만이다."
제자들은 다시 물었다.
"선생님, 교만이란 무엇입니까?"
이 질문에 대해 어거스틴은 매우 의미심장한 대답을 해주었다.
"'나는 지극히 겸손하다'고 생각하는 것이다." •

어거스틴의 말처럼 교만이란 '자신이 지극히 겸손하다고 생각하는 것'이다. 하지만 '자기 자신이 교만하다고 인정하는 것', 그것이 곧 겸손이다. 스스로 겸손하다고 말한다면 그것이 곧 교만이다. 겸손이란 자신의 부족함과 연약함을 인정하는 것이다. 그것을 감추고 부인할수록 우리는 겸손에서 점점 더 멀어진다.

하나님과의 관계 속에서 겸손이란

그리스도인에게 겸손은 하나님과의 관계를 빼놓고 이야기할 수 없다. 겸손과 교만은 하나님과 나와의 위치에 따라 결정

• christianreview.com.au/sub_read.html?uid=2512&section=sc6

되기 때문이다. 그분의 존재를 인정한다고는 하지만 삶 속에서 그분을 뒷전으로 고이 모셔 놓고 모든 일을 자신이 알아서 하는 자가 바로 교만한 사람이다. 이런 자를 하나님께서 비웃으시지만 겸손한 자에게는 은혜를 베푸신다고 성경은 말한다.

> 진실로 그는 거만한 자를 비웃으시며 겸손한 자에게 은혜를 베푸시나니 잠 3:34

그와는 반대로 하나님을 앞에 두고 자신은 그 뒤에서 하나님의 인도하심에 따라 순종하며 살아가는 사람이 바로 겸손한 그리스도인이다. 자신의 삶을 성실하게 살아가지만 자신이 아닌 하나님을 주인으로 모시고 사는 사람에게 하나님께서는 재물과 영광과 생명의 축복을 베푸신다.

> 겸손과 여호와를 경외함의 보상은 재물과 영광과 생명이니라
> 잠 22:4

이러한 사실을 잘 알고 있음에도 인간이 겸손보다 교만에 더 가까운 이유는 죄성 때문이다. 그래서 겸손하려면 먼저 우리의 죄를 마음속 깊이 뉘우치고 회개해야 한다. 회개 없이 겸손은 없다. 교만한 자는 회개하지 않는다. 그런 사람은 하나님의 비웃음거리가 될 것이며 그분과 함께할 수 없다.

아우구스티누스는 겸손한 자와 교만한 자, 그리고 하나님에

대해 아주 적절한 비유를 든다.

> 하나님 당신께서는 마음속 깊이 죄를 뉘우치는 자 외에는 결코 그 누구에게도 접근하시지 않으십니다. 그리고 비록 그들의 탐구 능력이 하늘의 별과 바다의 모래알을 셀 수 있을 만큼 탁월하다고 하더라도, 그리고 별자리 지도를 상세하게 그릴 수가 있으며 별과 행성의 경로를 정확하게 추적하는 놀라운 능력을 갖추었다고 할지라도, 교만한 자는 그 누구도 하나님을 찾을 수 없습니다. •

무서운 말이다. 마음속 깊이 죄를 뉘우치는 자 외에는 결코 그 누구에게도 접근하지 않으신다는 말씀, 그것은 곧 하나님과의 관계가 단절됨을 의미하며 그 끝은 곧 사망이다. 겸손은 단순히 한 사람의 성품을 일컫는 말에서 그치는 것이 아니라 우리의 생명과 직결된 문제다.

가짜 겸손

그런데 이렇게 중요한 겸손의 문제에 대해 생각보다 많은 그리스도인들이 큰 착각을 하고 있다. 유교적인 전통에 얽매여 뒤로 빼고 물러나는 것이 겸손의 전형적인 모습인 걸로 생각하고 실제로 교회에서도 그렇게 행동하는 것이다. 그러나 그것은

• 아우구스티누스, 《아우구스티누스: 고백록과 신앙 편람》, 원성현 외 2인 옮김(두란노아카데미, 2011), 181면.

겸손을 가장한 가짜 겸손이다. 뒤로 빼고 물러나는 것이 교만인 경우가 많다. 예수님이 시몬과 그 형제 안드레를 부르시는 장면에서 겸손과 교만이 무엇인지 엿볼 수 있다.

> 예수께서 이르시되 나를 따라오라 내가 너희로 사람을 낚는 어부가 되게 하리라 하시니 곧 그물을 버려 두고 따르니라 막 1:17-18

많이 알려진 내용이지만 곰곰이 생각해 보면 참 독특한 장면이다. 예수님께서 따라오라고, 사람을 낚는 어부가 되게 하겠다고 짧게 말씀하셨는데 그 두 형제는 곧 그물을 버려 두고 주님을 따르고 있다. 예수님은 굳이 인간의 도움이 없이도 자신의 사역을 감당하실 수 있는 분이지만 인간과 함께 일하시기 위해 제자들을 부르셨다. 그러나 좋은 집안에서 자라 잘 배운 당시의 엘리트가 아니라 이들처럼 지극히 평범한 사람들 가운데서 제자들을 택하셨다.

생각해 보면 제자들 입장에서는 "주님, 제가 어떻게 감히 당신의 제자가 될 수 있습니까? 저는 부족하고 배운 것도 없어서 그럴 수 없습니다"라고 손사래를 칠 수도 있는 문제였다. 하지만 시몬과 안드레는 그러지 않았다. 곧 그물을 버려 두고 따랐다. 자신들의 능력이나 여건은 상관하지 않고 주님이 부르시기에 그대로 순종하고 따른 것이다. 그것이 바로 진짜 겸손이다.

하지만 우리는 어떤가? 그렇게 주님이 부르실 때 속으로는 따르고 싶은 마음이 굴뚝같을지라도 겉으로는 "제가 어떻게 주님을 따르겠어요. 저렇게 잘 배우고 집안도 좋은 사람들도 많은데"라고 말했을 것이다. 그리고 주변 사람들도 그것을 겸손하다고 생각한다.

그러나 여기서 한번 생각해 보자. 주님이 우리의 사정을 모르시고 우리를 부르셨을까? 그분이 지혜가 부족해서, 겉으로 드러나는 모습 때문에 집안 좋은 엘리트를 선택하고 싶으셨을까? 주님은 우리의 사정을 너무나도 잘 아신다. 모든 것이 그분의 계획 가운데 있을진대 우리가 뒤로 물러나는 모습은 그분의 능력을 의심하는 것이다. 한마디로 그분을 믿지 못하겠다는 말이다.

그것을 어찌 겸손이라 할 수 있겠는가? 교만도 그런 교만이 없다. 주님이 제자들을 부르실 때 만약 "제가 어떻게 감히 주님의 제자가 될 수 있겠습니까?"라며 거절했다면 많은 사람들에게 영향을 주는 사역을 하지 못하고 평생 물고기만 잡다가 생을 마감했을 것이다. 그러나 제자들은 겸손하게 주님의 뜻을 받아들이고 따랐다. 이렇듯 겸손한 자에게는 지혜가 있다.

교만이 오면 욕도 오거니와 겸손한 자에게는 지혜가 있느니라
잠 11:2

교회나 믿음의 공동체에서 당신에게 어떤 사역을 맡길 때 못하겠다고 빼지 말아야 한다. 믿음으로 받아들이고 감사하며 받아들여야 한다. 그 일이 사람들 앞에 나서야 하는 일이거나

중책일 경우는 물론이고 주차 관리를 하고 화장실 청소를 하는 등 정말 하찮아 보이는 일이라면 더더욱 거절해서는 안 된다.

물론 정말 자신이 감당할 수 없는 사역이 주어질 때에는 먼저 기도를 해보고 그 사역을 맡긴 담당자와 진지하게 대화를 나누어야 한다. 음치라고 자부하는 사람에게 무대에 서서 찬양을 하라고 한다거나 춤이라고는 그냥 몸을 움직이는 것만 할 줄 아는 몸치에게 워십팀에서 아름다운 율동을 하라면 그런 고역도 없기 때문이다. 이처럼 극단적인 상황만 아니라면 주어진 사역에 감사하고 기쁨으로 받아들여야 한다. 한 번쯤 빼는 것이 겸손이라는 착각은 이제 버려야 한다.

4. 헌금할 돈이 없다는 착각

먹고살기도 빠듯한데 헌금은 무슨

믿지 않는 이들에게 교회를 다니자고 하면 이런저런 이유를 대기 마련이다. "일요일인데 늦잠을 못 자서 싫다", "기도가 너무 길다", "기독교는 이유 없이 싫다" 등 그 이유도 다양하다. 그 가운데 빼놓을 수 없는 이유 중 하나는 바로 헌금이다. 물론 겉으로는 다른 핑계를 대지만 속을 들여다보면 돈을 내는 것이 아까워서 그러는 경우가 많다. 한 달 내내 열심히 일해서 번 돈 가운데 1퍼센트도 아니고 자그마치 10퍼센트를 매달 내라고 하니 그들에게는 말도 안 되는 소리다.

어디 그뿐인가? 감사헌금, 선교헌금에 특별한 날이면 날마다 내는 헌금까지 더하니 고개를 저을 만도 하다. 그도 그럴 것이 대부분의 교회에 들어가 보면 입구에 들어서자마자 가장 먼저 눈에 띄는 것은 수십 가지의 헌금봉투다. 친절한 것도 좋지만 교회를 처음 오는 사람들을 생각한다면 이런 모습은 좀 바꿔야 하지 않을까?

하지만 사실 믿지 않는 사람들은 물론이고 어느 정도 신앙생활을 했다는 사람들도 참 어려워하는 것이 바로 헌금이다. 빠듯한 살림을 쪼개어 헌금을 한다는 것은 어쩌면 그들에게 '사치'이자 '낭비'에 지나지 않는 '어리석은 행동'으로 보일 수 있다.

그러나 진짜 어리석은 것은 하나님의 사랑과 은혜를 입은 그리스도인이 그분께 자신의 물질을 드리지 못하는 것이다. 그들이 헌금을 제대로 드리지 못하는 이유는 헌금에 대해 올바로 이해하지 못하기 때문이다. 헌금을 그저 '교회에 돈을 갖다 바치는 것', '내 피 같은 돈을 축내는 것'으로 생각하는 것이다. 하지만 헌금은 하나님의 은혜에 대한 감사의 표현인 동시에 '축복의 마중물'이다.

헌금, 우선순위의 문제

우리나라 사람들 60퍼센트가 살고 있다는 아파트. 이곳에 살려면 한 달에 관리비만 20~30만 원에 전기세와 수도세, 가스비까지 하면 40~50만 원에 이르는 돈을 내야 한다. 하지만 그 돈이 없다고 못 내는 사람은 거의 없다. 어디 그뿐인가. 요즘 웬만한 중형차에 기름을 가득 채우려면 10만 원이다. 그래서 3만 원, 5만 원씩 나눠서 기름을 넣는 운전자들도 있다. 그래도 다들 차에는 기름을 넣고 다닌다.

아이들 유치원비는 특강비와 점심값, 이것저것을 합치면 한 달에 70~80만 원에 이른다. 그 돈 없다고 유치원에 안 보내는 부모도 없다. 노후를 위한 연금보험에 저축도 해야 한다. 적어도 일 년에 한두 번은 해외여행도 가야 하고 옷을 사거나 외식도 해야 한다. 이거 내고 저거 내고 나니 돈이 남을 리 없다. 돈이 항상 부족한 이유다. 쓸 것 다 쓰고 좀 남으면 그때서야 간신히 헌금을 '고려'해 본다.

그래서 헌금을 못 한다. 돈이 없어서라기보다, 먹고 살기가 빠듯해서라기보다 헌금이 우선순위에서 저만치 밀려 있기 때문이다. 자녀 교육이 중요하면 한 달에 수백만 원의 과외비를 지출해도 아까워하지 않는다. 심지어 빚을 내서라도 아이들 교육에 투자한다고 해서 '에듀 푸어'라는 말도 생겨나지 않았는가? 집에 목숨 거는 사람들은 전세를 끼고 대출을 받아 한 달에 이자를 몇십만 원씩 내야 해도 크고 좋은 집을 산다. 그러니 그 돈을 갚느라 헌금은커녕 정상적인 생활이 어려울 정도다. 바로 '하우스 푸어'다.

어디 그뿐인가? 카 푸어, 캠퍼스 푸어, 웨딩 푸어, 잡 푸어, 워킹 푸어, 베이비 푸어, 실버 푸어 등 그 종류도 끝이 없다. '푸어'(poor)는 가난함을 의미한다. 지금 당장 필요한 것만을 추구하다가 결국은 푸어가 되는 것이다.

하지만 하나님 나라와 그 영광을 위해 자신의 것을 아낌없이 드리는 자들이 있다. 그들을 요즘 말로 표현하자면 '오퍼링 푸어'(offering poor)라고 말할 수 있다. 하지만 정확히 표현하자면 푸어가 아니라 리치(rich)다. 헌금을 아끼지 않고 감사하는 마음으로 드리는 사람들이다. 헌금 때문에 당장은 통장에서 돈이 빠져나가고 눈으로 보이는 재산은 줄어들기 때문에 가난해지는 것처럼 보이지만 그들이 진정한 부자다. 하늘창고에 차곡차곡 쌓이고 있다는 사실을 아는 사람들이기 때문이다. 그래서 마음은 더 풍요로울 뿐 아니라 은혜가 넘치고 오히려 더 드리지 못해 안달이 난 사람들이다. 그것으로 인해 얻는 것이 훨씬 더 많다는 사실을 잘 알기 때문이다.

자원봉사를 하고 기부를 하는 사람들이 공통적으로 하는 말이 있다.

"내 시간과 돈을 들여 자원봉사를 하는데 오히려 내가 배우고 얻는 것이 더 많습니다."

참으로 신기한 일이다. 바쁜 시간을 쪼개서 봉사하고 통장 잔고는 점점 줄어드는데도 오히려 많은 것을 배우고 얻어서 감사하다는 말에는 묘한 반전의 매력이 있다. 헌금도 마찬가지다. 하면 할수록 기쁘고 감사하다. 더 하고 싶어진다. 그것을 통해 하나님의 나라가 확장되는 모습을 바라보면 그렇게 기쁠 수가 없다. 어려운 이웃들이 웃음을 되찾고 아픈 이들이 회복되며 하늘의 복음이 더 널리 퍼져 간다. 하나님의 자녀로서 그보다 더 기쁜 일이 어디 있겠는가?

헌금, 그 축복의 마중물

회사원들이 월급을 받을 때 보면, 국민연금, 건강보험을 비롯하여 각종 세금이 자동으로 빠져나간다. 월급을 받자마자 배가 아플 정도로 많이도 떼어 간다. 그래도 자동으로 빠져나가니 '그런가 보다' 생각한다. 그런데 그 모든 세금을 나중에 개인적으로 카드나 계좌이체로 내라고 하면 많은 이들이 내고 싶지 않을 것이다.

헌금이 그렇다. 당연히 내야 할 헌금이지만 강제성이 없다 보니 내지 않아도 크게 문제될 것이 없다. 세금이나 벌금은 내지 않으면 일정 기간이 지나 연체료가 붙고 여러 모로 불이익이 생기기 때문에 억지로라도 낼 수밖에 없다. 하지만 헌금을 내지 않는다고 해서 당장 눈앞에서 손해 볼 일은 없다. 교회에서 헌금 관련 설교를 들을 때 약간 찔리기는 하지만 그 순간만 잘 넘기면 내 월급의 10퍼센트 이상을 지킬 수 있기 때문이다.

하지만 헌금이 놀라운 축복의 마중물이라는 사실을 깨닫는다면 이야기는 달라진다. 1990년대 후반까지만 해도 시골 마을에는 지하수를 끌어올려 주는 펌프가 있었다. 이 펌프를 사용하기 위해서는 한 바가지 정도의 물을 펌프 안에 부어 줘야 했다. 그렇지 않으면 아무리 펌프질을 해도 물을 끌어올릴 수가 없었다. 그때 물을 끌어올리기 위해 펌프 안에 부어 주는 물을 마중물이라 한다.

아무리 물이 귀하다고 해도 그 한 바가지의 물을 펌프 안에 넣지 않으면 더 많은 물을 얻을 수가 없다. 그런데 많은 사람들이 그 한 바가지의 물이 아까워 마중물로 사용하지 못한다면 차고 넘치는 물을 얻지 못한다. 그 마중물과도 같은 헌금을 드리지 못해 한없는 하나님의 은혜와 사랑, 물질적인 축복을 받지 못한다. 눈앞에 있는 마중물에만 눈이 멀어 그것을 날름 사용기도 한다. 그러면 당장은 도움이 되겠지만 그로 인해 누릴 수 있는 수많은 축복은 포기해야 한다는 사실을 깨닫지 못한 채 말이다.

그런 사람들은 헌금의 참된 의미를 잘 모르기에 직장에서 힘들게 번 돈을 교회에서 쉽사리 갈취해 가는 허울 좋은 명목으로만 생각한다. 목사와 직원들 월급을 주고 크고 멋지고 세련된 교회를 짓는 데 내 피 같은 돈이 동원되는 느낌이 들 뿐이다. 그런 생각이 드니 헌금을 하기가 더 어려워지는 악순환이 반복되는 것이다.

우리가 헌금을 어려워하는 이유는 여러 가지가 있다. 최근 생활 수준이 향상되고 소득이 높아짐에 따라 내야 할 헌금 액수가 갈수록 증가하는 것도 부담스러운 일이다. 또한 현금이나 수표로 예배 시간 전후에 직접 내는 경우가 대부분이다 보니 돈이 눈에 보여 더 어려울 수도 있겠다. 그리고 베풀며 나누는 삶보다는 자신의 안위와 유익, 즐거움과 쾌락을 위해서만 살아가는 요즘 사람들의 의식 때문인지도 모른다.

하지만 외식 두 번 할 거 한 번 하고, 아이들 지루해하는 학원 하나 덜 보내고, 해외여행 갈 거 국내여행을 간다면 얼마든지 헌금하고 주변 사람들을 돕는 데 사용할 수 있다. 마음만 먹으면 얼마든지 헌금할 수 있다. 이렇게 헌금을 하는 자녀들에게 하나님께서는 성경을 통해 축복을 약속하셨다.

> 만군의 여호와가 이르노라 너희의 온전한 십일조를 창고에 들여 나의 집에 양식이 있게 하고 그것으로 나를 시험하여 내가 하늘 문을 열고 너희에게 복을 쌓을 곳이 없도록 붓지 아니하나 보라
> 말 3:10

여기서 성경의 다른 본문에서는 보기 힘든 말씀을 접할 수 있다. 바로 십일조를 드렸을 때, 축복을 주시는지 안 주시는지 시험해 보라는 내용이다. 성경은 "여호와를 시험하지 말고"(신 6:16)라고 했다. 그리고 그것이 하나님 앞에 얼마나 심각한 죄인지 우리는 잘 알고 있다. 그러나 말라기 3장에서만큼은 예외

다. 그만큼 사람들이 십일조를 비롯한 헌금을 드리는 것을 어려워하기 때문에 하나님이 하도 답답하셔서 이런 말씀을 하신 것은 아닐까.

헌금의 축복은 경험해 보지 않은 사람은 모른다. 그 놀라운 하나님의 섭리를 깨닫고 체험한 사람들은 헌금을 게을리하거나 아까워하지 않는다. 그래서 십일조가 아닌 십의 9조를 드리는 사람도 있다고 한다. 헌금이 축복의 마중물이라는 사실을 잘 알기 때문이다. 부을수록 몇 배로 넘쳐나는 축복과 은혜를 누려 봤기 때문이다. 눈앞에 있는 한 바가지를 쏟아 붓기만 하면 펌프 안에 숨어 있는 엄청난 축복의 생수가 폭포수처럼 쏟아진다는 사실을 잘 알고 있기 때문이다.

온전히 하나님의 영광을 위하여

헌금을 하지 못하는 것은 돈이 없어서가 아니다. 하나님보다 돈을 더 사랑하기 때문이다. 헌금을 하지 못해 생기는 문제는 교회 재정보다 개인의 신앙 문제가 더 심각하다. 돈을 사랑한다는 것은 일만 악의 뿌리가 되기 때문이다. 그리고 믿음에서 떠나게 만들고 결국 많은 근심으로 자기를 찌르게 만든다.

> 돈을 사랑함이 일만 악의 뿌리가 되나니 이것을 탐내는 자들은 미혹을 받아 믿음에서 떠나 많은 근심으로써 자기를 찔렀도다
> 딤전 6:10

잃을 것이 없으면 두려울 것이 없다. 우리는 잃을 것을 쌓아 두고 있기에 하루하루를 두려움 가운데 살아가고 있다. 주가가 떨어질까, 집값이 폭락할까 좌불안석이다. 행여 오르면 더 오르기를 욕심부리다가 오히려 낭패를 보기도 한다. 온통 그 머릿속에는 '돈 생각'뿐이다. 그래서 성경은 재물이 있는 자는 하나님의 나라에 들어가기가 어렵다고 말한다.

> 예수께서 둘러보시고 제자들에게 이르시되 재물이 있는 자는 하나님의 나라에 들어가기가 심히 어렵도다 하시니 막 10:23

> 낙타가 바늘귀로 들어가는 것이 부자가 하나님의 나라에 들어가는 것보다 쉬우니라 하시니 눅 18:25

그냥 어려운 것도 아니고 낙타가 바늘귀로 들어가는 것보다 어렵단다. 통아저씨가 몸을 접어서 가방에 들어가는 것과는 그 차원이 다르다. 낙타의 몸은 보통 길이가 약 3미터, 어깨 높이 약 2미터 정도다. 바늘귀는 약 1밀리미터다. 낙타의 털 하나 들어가기도 어렵다. 어렵다기보다 불가능하다고 보는 게 맞다.

여전히 헌금을 낸 성도들의 이름을 주보에 올리는 교회들이 있다. 내가 어린 시절 다니던 교회에서는 설교 후 광고 시간이나 마무리 기도 시간 전에 헌금한 사람들의 이름을 일일이 말하기도 했다. 그래서일까, 마음은 아니로되 체면 때문에 억지로 헌금을 하는 사람들도 있었다. 이름이 주보에서 누락되거나 광고와 기도 시간에 언급되지 않으면 교회에 항의를 하는 경우도 있었다. 그들은 과연 무엇을 위해, 누구를 위해 헌금을 한 것일까?

하나님께 감사를 드리는 동시에 영광을 돌려드리기 위해 하는 것이 바로 헌금이다. 자신의 이름이 주보에 오르고 온 예배당 안에 자기의 이름이 호명되어 자신을 드러내기 위한 것이 아니다. 생활비며 교육비며 쓰고 남은 것을 가지고 손을 벌벌 떨며 헌금봉투에 넣는 것이 아니다. 월급을 받자마자 가장 먼저 헌금을 떼어 놓고 감사한 마음으로 하나님께 드리는 것이다. 누가 알아주든 알아주지 않든 하나님만 영광 받으시면 그걸로 된 것이다.

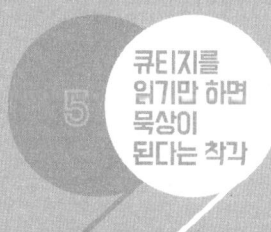

큐티지를
읽기만 하면
묵상이
된다는 착각

묵상이 저절로 되는
신비한 책?

요즘엔 아침 출근길에 전철을 타보면 대다수의 사람들이 스마트폰에 푹 빠져 있다. 게임을 하는 사람, 어제 못 본 드라마나 예능 프로그램을 보는 사람, 인터넷 검색을 하는 사람 등 각자 하는 일은 다르지만 대부분 스마트폰 삼매경에 빠져 있다. 그래서인지 책을 읽는 사람은 찾아보기가 어렵다. 정말 가끔 한 명 보일까 말까 한다. 누군가 책을 펼쳐 들고 읽는 모습이 눈에 들어오면 그 사람이 어떤 사람인지 알지는 못하지만 왠지 멋있고 예뻐 보인다.

그런 사람들 가운데 유난히 눈에 띄는 사람들을 가끔 볼 수 있다. 성경이나 큐티지를 보는 사람들이다. 출근 시간을 이용해 하루를 말씀으로 준비하는 사람들을 보고 있노라면 그 주변에 광채가 나는 듯하다. 누구나 다 보는 스마트폰을 보지 않는 것도 그렇지만 많은 사람들이 오가는 전철에서 성경이나 큐티지를 보고 있다는 것만으로도 참 대단하다는 생각이 들곤 한다.

사람들로 가득한 전철 안에서 성경을 본다는 것은 쉽지 않은 일이다. 아마도 믿지 않는 사람들이 본다면 '광신도'라고 말할지도 모르겠다. 그나마 성경과 달리 큐티지는 자세히 보지 않는 한 일반 책을 보는 듯한 느낌이기 때문에 부담 없이 볼 수가 있다. 복잡한 출근길, 별 의미 없는 시간을 보내느라 스마트폰을 붙잡고 있는 것보다 훨씬 좋아 보인다.

그런데 여기서 우리가 주의해야 할 부분이 있다. 큐티지를 읽으면 큐티, 곧 묵상을 다 했다고 착각하는 것이다. 날짜별로 그날의 성경 본문과 해설, 찬양, 묵상 적용, 기도 제목에 이르기까지 원스톱으로 하루의 묵상 시간을 편하게 해결할 수 있다고 생각하는 것이다. 그러나 그것은 큰 착각이자 함정일 수 있다. 이는 많은 그리스도인들이 큐티에 대해서 오해하고 있기 때문이다.

큐티란 무엇인가

큐티(QT)라는 말은, 'Quiet Time'의 첫 글자를 따서 만든 줄임말이다. 우리말로 하면 '묵상의 시간'이다. 말 그대로 차분히 말씀을 읽고 그 말씀을 깊이 있게 묵상하는 시간을 갖는 것이다. 그 말씀으로 하루를 살아가는 힘을 공급받고 기도와 찬양으로 시작하게 해주는 귀한 시간이다. 그리스도인에게 기본이 되는 동시에 필수적인 시간이라 할 수 있다.

그런데 언제부터인가 큐티지로 인해 이러한 '묵상의 시간'이 '성경공부 시간'이 되어 버린 것 같다. 큐티지에 인쇄되어 있는 성경과 해설을 읽으며 성경공부를 하는 시간으로 변질된 것이다. 물론 큐티지에는 구성상 빈 칸들이 여러 곳에 마련되어 있다. 큐티를 하는 사람들이 깨달은 바를 적기 위한 공간이다. 하지만 많은 사람들이 진정한 묵상이 아닌 성경공부를 하려고 노력한다.

물론 말씀을 묵상함에 있어서 성경을 잘못 해석하는 실수를 범해서는 안 되기에 본문에 대한 해설은 아주 중요한 부분이다. 하지만 해설을 넘어서 큐티지의 필진이 느끼는 깨달음이 곧 나의 깨달음이 되는 것은 우리가 다시금 돌아보아야 할 부분이다. 대다수 평신도들은 친절한 집필진의 해설을 별 거부감 없이 그대로 받아들일 뿐 아니라 그들의 영적 깨달음을 자신의 것으로 착각하는 데 익숙해져 있다.

큐티지의 필진은 대부분 신학교 교수 내지는 목회 현장에 있는 목회자들이다. 일반적으로 신학교 교수들은 본문을 깊이 해석하고 가르치려는 성향이 강하다. 목회자는 설교문을 작성하듯 본문을 써내려 가는 경우가 많다. 따라서 큐티지에 실려 있는 본문 해설은 깊이 있고 신앙생활에 많은 도움이 되는 내용들이다.

문제는 내용이 아니다. 본문을 읽는 독자들이 신학교 교수와 목회자들의 깨달음이 마치 자신이 깨달은 것인 듯 착각을 한다는 것이다. 교회나 세미나 등을 통해 제대로 된 큐티 교육을 받고 묵상이 잘 훈련된 그리스도인이라면 큐티지를 활용하더라도 스스로 깨달음을 얻고 그것을 본문 해설을 통해 확인하고 참고하는 용도로 사용한다. 그러나 처음 큐티를 하거나 아직 익숙하지 않은 이들은 아무래도 큐티지의 해설에 전적으로 의존하기 마련이다. 그러다 보면 어느새 '큐티=큐티지를 읽는 것'이라는 공식이 자기도 모르는 사이에 마음속에 자리 잡게 된다.

따라서 혹시라도 본문 해설을 담당하는 필진이 작은 실수라도 범하게 된다면 큐티를 하는 사람은 그것마저 그대로 받아들이게 된다. 대부분의 필진들이 많은 공부를 하고 경험을 쌓은 분들이기에 크게 걱정할 필요는 없지만 출판사 측에서 간혹

급하게 필진을 구하느라 자질이 검증되지 않은 필진이 있는 경우도 있기에 주의할 필요가 있다.

특히 요즘은 기독교 출판사에서는 물론이고 일부 교회에서 자체적으로 큐티지를 만들어 성도들에게 판매하기도 한다. 해당 교회의 스케줄이나 성향에 맞게 제작되기 때문에 좀더 교회에 대한 애정을 가질 수 있다는 장점이 있다. 하지만 혹시라도 편협된 시각으로 편집될 가능성도 완전히 배제할 수는 없다.

큐티=네비게이션

나는 지방을 여행하거나 난생처음 가는 길이 아니면 네비게이션을 이용하지 않는다. 서울이나 수도권에서 움직일 경우에는 인터넷 지도로 가는 길을 미리 파악한 후에 길을 나선다. 요즘에는 지도만 나와 있는 것이 아니라 '로드뷰', '거리뷰'처럼 해당 도로의 사진을 미리 보고 갈 수도 있기 때문에 훨씬 쉽게 길을 찾아갈 수 있다.

그러나 네비게이션만 의지하다 보면 혹 잘못된 길에 들어섰다 하더라도 그대로 따라가는 수밖에 없다. 그 길이 공사 중일 수도 있고 돌아가는 길일 수도 있다. 아는 길이라면 돌아갈 수도 있겠지만 길을 모르면 그저 네비게이션이 안내하는 길로 갈 수밖에 없다. 그러다 보면 시야가 좁아지고 운전에 자신이 없어진다. '잠시 후 우회전입니다'라고 말하는데 그 '잠시 후'가 10초 후인지 1분 후인지 그 기준도 모호하여 갑작스레 방향을 바꾸다가 사고가 날 위험도 있다. 네비게이션 화면만 보다가 전방을 제대로 보지 못해 급브레이크를 밟는 경우도 허다하다. 마치 안대를 하고 다른 사람의 손에 이끌려 거리를 걷는 것과 비슷하다. 하지만 처음 가는 길이라 하더라도 어느 정도 길을 알고 간다면 네비게이션을 보고 간다 해도 자신 있게 운전할 수 있다.

큐티지는 네비게이션과도 같다. 신앙생활에 도움이 되기는 하지만 맹신하면서 따라갈 것이 아니다. 자신이 먼저 말씀을 충분히 묵상하고 스스로 깨닫는 훈련을 지속적으로 하지 않으면 실수를 할 수도 있다. 그러므로 말씀을 보기 전에 바른 깨달음을 달라고 기도해야 한다. 또한 자신의 깨달음이 큐티지의 내용과 많이 다르다고 생각되면 교회의 목사님이나 영적인 선배들에게 물어보는 것도 좋은 방법이다. 그렇게 말씀에 갈급해 하고 바른 깨달음을 얻고자 하는 자들을 하나님께서는 외면하지 않으시고 반드시 바른 길로 인도하신다. 내가 만난 하나님은 그런 분이시다.

요즘 같은 세상에 그리스도인으로서 큐티를 한다는 것만으로도 어찌 보면 참 대단한 일일 수 있다. 하지만 제대로 하지 않으면 안 한 것만 못한 결과가 있을 수도 있다. 그런 면에 있어서 큐티지는 처음 큐티를 하는 이들에게는 아주 좋은 가이드가 되어 준다. 그리고 대부분의 큐티지들이 제대로 된 묵상의 시간이 될 수 있도록 도입부에 친절하게 사용법을 설명해 준다. 그 설명서대로만 따라해도 실수를 줄일 수 있다.

하지만 많은 이들이 그런 설명서는 뒤로한 채 바로 본문으로 들어간다. 그래서 그날의 성경 본문을 읽고 난 후, 해설을 보고 책에 나와 있는 질문에 따라 '정형화된 묵상'을 한다. 심지어 기도도 적혀 있는 대로 할 수 있다. 그렇게 책 읽듯이 한 번 죽 읽고는 그날의 묵상을 다했다고 뿌듯해한다.

아직까지 큐티지 맨 앞 부분에 있는 설명서를 한 번도 읽은 적이 없다면 지금이라도 당장 펴서 읽어 보길 바란다. 그리고 가능하다면 교회에서 실시하는 큐티 강좌나 외부 기관에서 실시하는 큐티 세미나에 참석할 것을 권한다. 여러 번 들을 필요는 없고 한 번만 들어도 충분히 이해하고 실생활에 적용할 수 있다.

그러다가 큐티가 조금 익숙해지면 큐티지 없이 성경묵상만으로도 얼마든지 큐티를 할 수 있다. 이를 통해 순수하게 말씀만 묵상하는 가운데 주시는 깨달음을 구할 수 있다. 그렇다고 큐티지가 나쁘다거나 무용지물이라는 말은 결코 아니다. 아직까지 말씀이 잘 와닿지 않거나 너무 어렵다고 느껴지면 큐티지는 큐티를 할 때 아주 좋은 지침서가 될 수 있다. 다만 성경을 읽지 않고 큐티지를 보는 것만으로 그날의 묵상을 다했다는 착각은 버리길 바란다.

기도에 관한 2
5가지 착각

기도해도
응답되지
않는다는
착각

왜 내 기도는
안 들어주시는 걸까

신앙생활을 하다 보면 주위에 유난히 기도 응답을 잘 받는 사람들이 있다. 자신을 위한 기도는 물론 다른 사람을 위한 기도, 교회를 위한 기도 등 그 사람이 기도만 했다 하면 응답 안 되는 게 없다. 맑은 하늘에 갑자기 먹구름이 끼더니 소나기가 내리기도 한다. 고민했던 진로 문제가 한 방에 해결되기도 한다.

하지만 이런 경우는 극히 드물다. 많은 그리스도인들이 자기는 기도를 열심히 하는데 응답되는 건 하나도 없다고 투덜댄다. 정말 마음을 다해 열심히 기도하는데 자신의 기도는 하나도 안 들어 주신다고 생각한다. 주변에서 이런 이야기를 참 많이 들었다. 언젠가 제자 양육을 받던 후배가 나와 교제를 나누며 이런 이야기를 한 적이 있다.

"왜 하나님은 내 기도엔 묵묵부답이실까요? 나 같은 사람에게는 관심조차 없으신 것만 같아요. 그러다 보니 속으로 '하나님이 정말 계실까?' 하는 의구심이 들 때도 솔직히 많아요. 기도하면 들으신다고 했는데 왜 유난히 내 기도에만 응답을 안 해 주시는 걸까요?"

이러한 답답한 심정은 아마 이 후배만의 고민은 아닐 것이다. 그렇다면 우리는 왜 이런 푸념을 늘어놓아야 할까? 왜 그리도 많은 그리스도인들이 기도 응답을 받지 못한다며 답답해하는 것일까? 그것은 '기도 응답'이라는 말에 대한 이해가 부족하기 때문이다.

그래, 안 돼, 기다려

많은 그리스도인들은 '일류 대학에 합격하는 것'이나 '원하는 직장에 입사하는 것', '좋아하는 남자나 여자와 결혼하는 것', '차고 넘칠 만큼의 돈을 소유하는 것' 등 한마디로 '내가 원하는 것을 얻는 것'만 기도 응답이라고 생각하는 경향이 있다. 하지만 기도 응답은 그렇지 않은 경우가 더 많다. 물론 "그래. 네가 기도한 거 다 들어줄게"라고 기도하는 사람의 소원과 바람을 이루어 주시는 것도 포함된다. 하지만 이런 "그래Yes" 응답의 경우는 그렇게 많지 않다. 오히려 "그건 안 돼No"라고 말씀하시는 것과, "지금은 아니야. 조금만 기다려Wait"라고 하시는 것이 대부분이다.

그러나 대부분의 그리스도인들은 "그래"만을 "기도에 응답해 주셨다"고 말하고 "안 돼"나 "기다려"는 응답해 주시지 않았다고 생각한다. 하지만 그것은 큰 착각이다. "그래"만이 아니라 "안 돼", "기다려" 역시 분명히 기도 응답을 받은 것이다. 단지 기도하는 사람의 입장에서 원하는 답을 얻지 못했기 때문에 "안 돼"나 "기다려"의 경우에는 기도 응답을 받지 못했다고 생각하는 것뿐이다. "그래"만이 기도 응답을 받은 거라는 착각에서 벗어나 "안 돼"나 "기다려" 역시 중요한 기도 응답임을 우리는 깨달아야 한다. 그렇다면 이렇듯 그리스도인들이 많이 오해하고 있는 기도 응답의 세 가지 유형의 특징과 그 응답들을 통해 우리에게 주시고자 하는 깨달음은 무엇일까?

❶ "그래"(Yes)

오래 전부터 J를 마음속에 담아 두고 있던 M. 그는 오랜 시간 그 자매와 결혼하게 해달라고 기도해 왔다. 햇살 따뜻한 어느 봄날, 마침내 J와 결혼에 골인한 M. 하루도 거르지 않고 새벽예배를 드리고 예배가 끝나면 혼자 한 시간 동안 눈물을 뚝뚝 흘려 가며 기도한 끝에 그 자매와 결혼하게 되었으니 이 얼마나 감사한 일인가? 기도 응답의 진수가 아닐까 싶다(사실, 내 이야기다).

이렇듯 자신이 기도하여 구한 대로 응답을 받는 것, 가장 많은 사람들이 좋아하고 기대하는 기도 응답 유형인 "그래"다. 이처럼 우리가 기도하는 대로 이뤄 주신다는 사실은 예수님이 성경을 통해 분명하게 약속하셨다.

> 구하라 그리하면 너희에게 주실 것이요 찾으라 그리하면 찾아낼 것이요 문을 두드리라 그리하면 너희에게 열릴 것이니 구하는 이마다 받을 것이요 찾는 이는 찾아낼 것이요 두드리는 이에게는 열릴 것이니라 마 7:7-8

그렇다. 구하면 주신다고 했다. 문을 두드리면 열리고 구하는 이마다 받을 것이라고 했다. 그런데 많은 그리스도인들이 기도 응답을 받지 못한다. 구하지 않고 두드리지 않기 때문이다. 우리의 아버지 하나님은 자녀인 우리가 구하면 구하는 대로 "그래!" 하고 분명히 주신다. 반면에 의심을 품으면 듣지 않으신다.

> 오직 믿음으로 구하고 조금도 의심하지 말라 의심하는 자는 마치 바람에 밀려 요동하는 바다 물결 같으니 이런 사람은 무엇이든지 주께 얻기를 생각하지 말라 약 1:6-7

기도 응답의 주체는 바로 하나님이시다. 하나님 한 분만이 이 모든 것을 가능케 하신다. 그래서 우리는 믿고 구하는 자에게 모든 것을 아낌없이 주시는 하나님 한 분만을 의지하고 따라야 한다. 그러나 그런 하나님의 능력과 사랑을 의심하는 자들은 국물도 없다. 한 치도 의심하지 말고 그분을 기뻐하며 경배해야 한다. 그럴 때 그분은 우리 마음의 소원을 우리에게 이루어 주신다.

> 또 여호와를 기뻐하라 그가 네 마음의 소원을 네게 이루어 주시리로다 시 37:4

그런데 안타까운 것은 많은 그리스도인들이 자신은 기도 응답을 받을 자격이 없다고 말한다는 사실이다. '기도도 안 하고 죄를 많이 지었기 때문에 구해 봐야 주지 않으실 것'이라고 미리 포기하고 기도하지 않는 것이다. 하지만 그렇지 않다. 기도 응답은 자격의 문제가 아니라 구함의 문제이기 때문이다. 아무리 자녀들이 실수를 하고 잘못을 저질렀어도 맛있는 것 먹고 싶다고 하면 사주고 졸립다고 하면 안아 주고 좋은 것 달라면 주는 부모의 마음과 같은 것이다. 그분은 우리의 아버지이시기 때문이다.

> 너희가 악한 자라도 좋은 것으로 자식에게 줄 줄 알거든 하물며 하늘에 계신 너희 아버지께서 구하는 자에게 좋은 것으로 주시지 않겠느냐 마 7:11

하지만 승락의 기도 응답에는 한 가지 조건이 있다. 그것은 바로 하나님의 뜻대로 구해야 한다는 사실이다.

> 그를 향하여 우리가 가진 바 담대함이 이것이니 그의 뜻대로 무엇을 구하면 들으심이라 요일 5:14

그분의 뜻대로 무엇을 구하면 들으신다. "그래"로 응답해 주신다. 그러나 내가 좋은 대로만 구하면, 내 욕심만 채우기 위한 기도라면, 그분의 뜻대로 구하지 않는다면 그땐 이야기가 달라진다. 그런 경우에는 "그래"보다는 "안 돼"라는 기도 응답이 오게 마련이다.

❷ "안 돼"(No)

우리의 기도에 하나님께서 "안 돼"라고 말씀하시는 경우 대부분의 그리스도인들은 '기도 응답을 못 받았다'고 생각하고 그렇게 말한다. 그러나 내가 원하는 응답을 못 받았다고 해서 기도 응답 자체를 못 받은 것은 아니다. "안 돼"라는 '응답'을 받은 것이다. 내가 그렇게 바라고 바라던 대로 응답받지는 못했지만 응답의 형태가 다를 뿐, 기도 응답은 분명히 받은 것이다. 그러면 도대체 왜 하나님께서는 내 기도에 "안 돼"라고 말씀하시는 걸까?

● 우리에게 해로운 것에 "안 돼" 하시는 하나님

그 첫 번째 이유는 지금 내가 기도하고 있는 것이 나에게 적합하지 않거나 해롭기 때문이다. 그로 인해 결국 죄에 빠지고 하나님을 멀리할 수도 있기 때문이다. 궁극적으로는 나를 위해서 하나님은 "안 돼!"라고 말씀하시는 것이다. 그 기도가 이루어지면 내가 원하는 것은 얻을 수 있을지언정 하나님의 뜻 가운데 서지 못하고 하나님을 떠날 수도 있는데 어찌 하나님께서 우리의 소원대로 해주시겠는가?

수년 전에 《과자, 내 아이를 해치는 달콤한 유혹》이라는 책이 출간되어 어린 자녀를 둔 부모들에게 큰 반향을 불러일으킨 적이 있다. 이 책은 시리즈로 출간될 만큼 큰 인기를 끌었다. 나 또한 친한 친구에게 이 책을 소개받고 내용이 궁금해서 바로 주문해서 읽어 보았다. 산도조절제, MSG, GMO, 전분당, 자일리톨 등 조금만 관심이 있는 부모라면 음식물 포장지에서 어렵지 않게 발견할 수 있는 단어들, 아니 심지어 텔레비전 광고에서 당당히 선전하는 단어들도 있다. 하지만 그것이 얼마나 무서운 것인지 이 책을 접하기 전까지는 전혀 알지 못했다. 그냥 하나의 음식이라고만 생각했을 정도다.

그러나 그 실체를 알고 난 후, 난 아이들에게 그러한 식품첨가물들이 들어 있는 음식들을 도저히 먹일 수가 없었다. 그래서 지금도 마트에 가서 먹거리를 고를 때면 난 어김없이 포장지 뒷면의 성분을 꼼꼼하게 살펴본다. 아내도 처음엔 뭘 그렇게까지 하느냐며 시큰둥했지만 지금은 뭔가를 고르기 전에 먼저 나에게 사도 되냐고 물어본다. 치즈, 껌, 소시지, 빵, 과자 등 거의 대부분의 음식물에 이러한 식품첨가물들이 들어 있었다. 심지어 유기농 제품, 어린이 전용 제품에도 그 용량의 많고 적음에 차이가 있을 뿐 예외는 없었다.

그런데 신기하게도 아이들은 마트에 가면 그런 첨가물이 들어 있는 제품들만 사달라고 졸라 댄다. 하지만 이제 달콤한 과자의 실체를 알고 난 후부터는 가급적 사주지 않는다. 교회나 집안 모임이 있을 때 주는 것들은 어쩔 수 없이 먹게 하지만 적어도 집에서는 안 사준다. 아이들에게 어떤 영향을 미칠지 뻔히 아는데 그러한 사실을 알고도 어느 부모가 그런 과자를 사주겠는가?

한 가지 재미있는 사실은 이 책을 내게 소개해 준 친구에게 시간이 지난 후 물어보니 도저히 그렇게 다 따지고 살 수가 없어서 요즘은 그냥 별 신경 쓰지 않고 아무거나 사 먹인다는 것이었다. 그 친구의 말처럼 이것저것 따지다가는 먹고 살기가 어려울 것 같다. 그렇다고 아이들의 건강에 해롭다는 사실을 뻔히 알면서 사줄 수는 없고, 간식을 안 줄 수도 없고 참 곤란하다. 그래서 나름대로의 대안으로 쌀과자나 집에서 만든 식혜, 또는 직접 과일을 갈아서 만든 주스를 준다. 때로는 아이들과 같이 쿠키나 빵, 호떡을 만들어 먹기도 한다.

하나님은 그 누구보다도 당신을 사랑하시는 분이다. 지금 당장 "안 돼"라고 말씀하시는 건 당연히 우리를 위한 어쩔 수 없는 조치인 것이다. 나의 좁은 시야로 보기에는 달콤해 보이고 유익해 보이지만 실제로는 그 어떤 것보다도 위험하고 나의 삶에 도움이 되지 않는 것들을 하나님은 허락하실 수가 없는 것이다. 우리를 골탕 먹이려는 것이 아니라 정말 우리를 너무나 사랑하시기에 아무리 작은 아픔이라도, 사소해 보이더라도 자녀 된 우리에게 해로운 것은 그 어떤 것도 허락하고 싶지 않으신 것이다. 그것이 바로 하나님께서 우리의 기도에 "안 돼"라고 말씀하시는 첫 번째 이유다.

● 우리가 정욕으로 구하는 것에 "안 돼" 하시는 하나님

우리가 정욕과 죄악 된 마음으로 구할 때에도 하나님은 "안 돼"라고 응답하신다. 죄를 짓기 위해 기도하는데 그것을 들어주실 하나님이 아니시다. 우리가 기도한 대로 이뤄진다면 지옥으로 떨어질 수도 있는 기도를 아버지 하나님께서 자녀인 우리에게 허락하실 리가 없다. 그래서 우리 마음에 죄악을 품었다면 그분은 우리의 기도를 듣지 않으신다고 성경은 분명히 우리에게 말한다.

내가 나의 마음에 죄악을 품었더라면 주께서 듣지 아니하시리라
시 66:18

그분이 능력이 없어서도 아니고 우리를 약 올리려고 일부러 그러시는 것도 아니다. 우리가 죄악 된 마음을 품으면 결국 그분과 우리의 사이는 갈라지게 되고 죄로 말미암아 그분이 우리에게서 듣지 않으시게 되기 때문이다.

여호와의 손이 짧아 구원하지 못하심도 아니요 귀가 둔하여 듣지 못하심도 아니라 오직 너희 죄악이 너희와 너희 하나님 사이를 갈라 놓았고 너희 죄가 그의 얼굴을 가리어서 너희에게서 듣지 않으시게 함이니라 사 59:1-2

그런데 우리는 정욕으로, 죄악 된 마음으로 구하면서도 그것을 합리화시킨다. 이것이 해결되어야만 내가 신앙생활 제대로 할 수 있다고, 이 모든 것이 다 교회와 하나님 나라를 위한 것이라고 말이다. 특히 물질을 구할 때 이런 경우가 많다. 사업을 하거나 경제적인 어려움을 겪을 땐 "하나님, 이번 일만 잘 해결해 주시면 교회도 빠지지 않고 열심히 나가고 헌금도 많이 하겠습니다"라고 쉽게 고백한다. 하지만 이것은 큰 착각이다.

많은 사람들이 막상 자신이 기도한 대로 사업이 잘되거나 어려운 경제적인 상황에서 벗어나게 되면 언제 그랬냐는 듯이 지난 고백은 잊어버린다. 일이 바쁘다는 이유로 주일을 어기는

것은 다반사요 약속한 헌금도 "사업에 들어갈 돈이 많은데 헌금을 어떻게 내느냐?"며 교묘하게 빠져나간다. 사정이 조금 더 나아지면 그때 가서 생각해 보겠다고 오히려 큰 소리다.

물론 정말 하나님 앞에 약속한 그대로 지키는 사람들도 있긴 있다. 하지만 주변을 보면 대부분 하나님 앞에서의 약속을 너무 쉽게 잊어버리고 지키지 않는다. 그러한 기도는 하나님 앞에 가증한 것이다.

> 사람이 귀를 돌려 율법을 듣지 아니하면 그의 기도도 가증하니라
> 잠 28:9

하나님은 이러한 우리의 모습에 마음 아파하신다. 물질을, 세상의 좋은 것을 하나님보다 우선순위에 놓는 우리의 어리석음 때문에 말이다.

몇 년 전 한 기독교출판사에서 실시한 작품 공모전에 응모한 적이 있다. 국내 대표적인 기독교출판사이고 입상하면 상당한 액수의 상금과 더불어 책을 출판할 수 있는 기회도 주어졌다. 평소에 글을 써서 책을 출간하고픈 마음이 있었기에 6개월 가량을 정말 열심히 글을 썼다. 회사 일을 하느라 힘들고 바쁜 와중에도 밤을 새워 가면서 원고를 쓰고 또 썼다.

그리고 그것을 위해 기도했다. 회사를 출근할 때 소요되는 시간이 대략 한 시간쯤 걸렸는데 오가는 차 안에서 도합 두 시간을, 그리고 자기 전에 따로 시간을 내어 또 기도를 했다. 이번

공모전에서 대상을 받게 해달라고 말이다. 당시에 내 나름대로 글쓰기에 자신이 있었고 기도도 하고 있었기에 난 대상을 받는다는 마음으로 글을 썼고 심지어 수상 소감까지 머릿속에 구상하고 다닐 정도였다.

그런데 결국 낙방했다. 대상은커녕 입상조차 하지 못했다. 지난 6개월 동안 많은 노력과 기도를 했기에 너무 허탈했다. 그리고 하나님을 원망하는 마음까지 생겼다. '그렇게 열심히 기도했는데 이게 뭡니까!' 하고 말이다. 그래서 하나님에 대한 배신감(?)에 한동안 기도를 하지 못하고 마음이 낙심되어 휘겨워했다.

그러던 어느 날, 아는 목사님과 교제를 하게 되었다. 대기업에 다니다가 은퇴하시고 목회자가 되신 분이다. 그분과 오랜만에 만나 식사를 하고 차를 한 잔 마시다가 우연찮게 내가 응모했던 작품 공모전 이야기를 나누게 되었다. 그런데 그분이 섬기는 교회의 한 자매가 그 공모전에 응모했다는 것이었다. 더군다나 그 자매는 국내 3대 일간지 중 하나인 모 신문사의 신춘문예에 당선까지 된 실력자였다. 그래서 자신은 물론 그 목사님과 온 교회가 그 자매의 당선을 위해 열심히 기도했다고 한다. 그리고 그 목사님과 성도들, 그 자매 역시 입상을 어느 정도 확신을 하고 있었단다. 그런데 결국 아무 상도 못 탔다며 안타까워하셨다.

그 말을 듣는 순간 갑자기 여러 생각이 스치듯 지나갔다. 알려진 바에 따르면 그 공모전에는 900편 이상의 작품이 응모되었다고 한다. 기독교출판사임을 감안했을 때 응모한 사람은 대부분 기독교인들이었을 것이다. 그리고 응모자 자신은 물론 그 가족과 교회, 성도들이 함께 중보기도를 했을 것이다. 그 기도 제목은 아마도 나와 같이 대상을 받거나 최소한 입상을 하는 것이지 않았을까? 그렇다면 900명이, 아니 그들을 위해 중보한 사람까지 합하면 수천수만 명의 사람들이 저마다 1등을 하게 해달라는 제목을 놓고 기도했을 텐데 그 기도를 들으셨던 하나님은 얼마나 난감하셨을까? 그 출판사의 어떤 심사위원보다도 입상자를 고르느라 힘들지 않으셨을까?

모르긴 몰라도 발표 당일 등수에 들지 못한 수백 명의 응모자들의 심정은 대부분 나와 비슷했을 것이다. 그렇다면 하나님은 과연 '특별하게 사랑하시는 누구'의 기도만 들으신 걸까? 당선된 사람들의 신앙이 뛰어나고 불철주야 기도해서일까? 당선되지 못한 나머지 수백 명은 신앙이 부족하고 기도를 열심히 하지 않아서 낙선한 걸까?

내게 이 사건은 하나님께서 그리스도인들에게 "안 돼"라는 응답을 주시는 이유를 다시 한 번 생각해 보는 계기가 되었다.

❸ "기다려"(Wait)

사람들이 살아가면서 가장 힘들어 하는 단어 가운데 하나는 바로 '인내'다. 참고 견디고 기다린다는 것, 그것은 어떤 상황에서도 반가운 단어는 아니다. 특히 요즘처럼 인스턴트 문화가 발달한 시대에 '느림의 미학'은 그저 허울 좋은 문학적 표현으로 들릴 뿐이다. 그러한 현상은 그리스도인들도 예외가 될 수는 없다. 그래서일까, 어찌 보면 기도를 하면서 가장 힘겨워하는 기도 응답의 유형도 "안 돼"가 아닌 바로 이 "기다려"인지도 모른다.

"그래"도 아니고 "안 돼"도 아니다. 아무런 대답도 없이 기다려야 하는 것이다. 그나마 다행인 것은 "기다려"가 "그래"라는 응답을 주시기 위한 준비 기간일 때가 많다는 사실이다. 다만 지금 당장은 아니라는 것뿐이다. 그러다 보니 더 애가 탄다. 차라리 "안 돼"라고 하시면 '에라 모르겠다!' 하고 하나님을 원망하며 망가져 보기라도 할 텐데 아무 말도, 아무 대답도 없으시니 그저 답답할 뿐이다. 하지만 여기, 그 누구보다도 고통스러웠을 인내의 시간을 이기고 인간 승리의 드라마를 펼쳐 보인 한 사람의 이야기가 있다.

2012년 여름을 뜨겁게 달구었던 런던 올림픽. 한국 대표팀은 종합 5위라는, 그 어느 때보다도 좋은 성적을 거두었다. 손에 땀을 쥐게 했던 축구 한일전이 있었고 온 국민의 가슴을 아프게 한 신아람 선수의 '멈춰 버린 1초' 사건도 있었다. 메달을 따건 못 따건 모든 선수들의 경기하는 모습 하나하나는 감동 그 자체였다. 그 가운데 나는 개인적으로 유도에서 금메달을 획득한 김재범 선수의 이야기가 유난히 마음에 남는다. 비단 그가 어려운 고난을 이기고 금메달을 목에 걸어서 그런 것만은 아니다.

잘 알려진 대로 김재범 선수는 독실한 기독교인이다. 그는 훈련 기간 중에도 주일예배는 물론 수요예배도 빠지지 않고 드렸다. 경기 시작 전에는 항상 기도로 시작했고 경기 후에도 기도로 마무리했다. 금메달을 획득한 후 인터뷰를 할 때에는 하나님을 가장 먼저 언급하기도 했다. 그래서 안티기독교인들은 그의 SNS에 몇 년 전 그가 무면허 음주운전 사건에 연루된 사실을 언급하면서 비난을 퍼부었다. 하지만 그는 그들을 향하여 용서하는 글을 남겨 그들의 입을 더 이상 열지 못하게 했다.

런던 올림픽 당시 김재범 선수의 몸은 정상이 아니었다. TV에서 결승전 경기를 중계하던 해설자는 김재범 선수의 몸 상태는 '반신불수'라는 표현이 가장 적절하다고 할 정도였다. 왼쪽 손가락, 팔꿈치, 어깨는 물론 허리와 양쪽 무릎도 온전하지 않은 상태였기 때문에 몸의 반쪽은 거의 힘을 쓸 수가 없다고 했다. 올림픽에 출전한 것 자체가 기적이지만 금메달을 딴다면 그것이야말로 진짜 기적이라고 했다. 그리고 그 기적은 마침내 현실이 되었다.

그런데 나중에 김재범 선수의 이야기를 언론을 통해 듣고 나는 한 가지 궁금증이 생겼다. 그렇게 많은 부상에 시달렸던 김재범 선수가 훈련 기간 동안 예배하고 기도하면서 과연 자신의 부상을 낫게 해달라고 하나님께 기도하지 않았을까? 부상이 깨끗하게 나아서 런던 올림픽에 참가하여 금메달을 따서 하나님께 영광을 돌리고 포상금으로 헌금도 하겠다고 기도하지 않았을까? 적어도 내가 그 상황이었다면 그렇게 기도했을 것이다.

하지만 그의 부상은 낫지 않았다. 아니, 오히려 갈수록 더 악화되었다. 상황이 그쯤 되면 나는 낙심하고 하나님을 많이 원망했을 것이다. 부상에서 완쾌되면 좋을 텐데 왜 내 기도에 응답해 주지 않으시냐고, 하나님은 나를 사랑하지 않으시냐고 말이다. 몸이 완전히 회복되어 금메달을 목에 걸고 "하나님께 이 모든 영광을 돌립니다!"라고 고백하면 얼마나 많은 이들이 감동하며 하나님을 찬양하겠느냐고 말이다. 그리고 결국엔 포기했을 것이다. 이 몸으로 올림픽에 나가는 것은 말도 안 된다고 하나님을 원망하면서 말이다.

하지만 김재범 선수의 믿음은 여기에서 빛이 났다. 그는 신체적 어려움을 어떻게 극복했느냐는 질문에 이렇게 대답했다.

부상이 올 때마다 너무 좋았어요. 몸은 아픈데… 마음도 사실 불편하기도 했죠. 그러면서 확신을 가진 거예요. 아! 내가 진짜 복을 받으려고 하는구나.

김재범 선수의 믿음에 대해서 대단하다고 느낄 수밖에 없는 부분이다. 그리스도인이라면 대부분 기도는 한다. 하지만 그 기도에 대한 응답을 기다리는 자세에서 믿음의 차이가 난다. 비록 내가 원하는 응답을 주시지 않더라도 하나님께서 원하시는 응답을 주신다는 사실을 믿고 인내하며 기다릴 때 우리는 비로소 그의 완전하신 계획에 동참하게 된다.

오랜 시간 동안 기도를 했음에도 아무 응답을 받지 못하거나 자신이 원하는 결과가 나오지 않을 경우, 대부분의 그리스도인들은 낙심한다. 내 뜻대로 아니하실지라도 인내하며 기다려야 한다는 사실을 알고는 있지만 자신을 돌아보기보다는 기도에 응답해 주지 않으시는 하나님을 원망하며 적잖이 상처를 받는다.

하나님을 신뢰하는가? 그럼 기다리라. 열심히 기도했으나 결국 좌절되고 말았다면 더 좋은 것을 주시고자 하는 하나님의 당신을 향한 지극한 사랑임을 기억하라. 자신이 생각하기에 정말 오랜 시간 동안 열심히 기도했다고 자신한다면 그 인내와 연단의 시간을 통해 하나님의 때에 이루실 것임을 소망하며 기도하기를 포기하지 말라.

> 인내는 연단을, 연단은 소망을 이루는 줄 앎이로다 롬 5:4

하나님의 방법은 우리가 생각하는 것과 참 많이 다르다. 그래서 이해가 되지 않을 때가 많다. 그래서 인내하지 못하고, 하나님의 방법을 신뢰하지 못하고 어쩔 수 없다는 이유로 자신의 방법을 선택하려 한다면 다시 한 번 그분의 선하신 인도하심을 믿고 의지하라. 인내를 온전히 이루라. 크신 축복이 임할 것이다. 만약에 인내를 이루지 못하고 답답한 마음에 내 기준으로 세운 마감 시간에 이르러 인간의 방법을 사용한다면 축복을 받더라도 상처를 안은 축복을 받을 수도 있다. 끝까지 포기하지 않는 것이 인내다.

인내를 온전히 이루라 이는 너희로 온전하고 구비하여 조금도 부족함이 없게 하려 함이라 약 1:4

우리의 기도는 반드시 응답된다

우리의 기도는 "그래"나 "안 돼", 또는 "기다려"처럼 유형만 다를 뿐 반드시 응답된다. 내가 바라던 대로 응답되지 않았다고 해서 기도 응답이 안 되었다고 착각해서는 안 된다. "그래"로 응답을 받았다면 하나님 앞에 감사해야 한다. 헌금으로 그 마음을 표현하는 것도 좋다. "안 돼"라고 해서 실망하지 말고 왜 그런 응답을 주셨는지 다시 한 번 자신을 돌아보아야 한다. 그리고 "기다려"일 경우에는 조급해하지 말고 주님의 시간에 그분의 방법대로 우리에게 응답 주실 것을 믿으며 믿음으로 기다려야 한다. 하나님께서는 우리의 기도에 반드시 응답하신다. 응답하지 않으신다는 착각을 버려야 한다.

2 약국도 병원도 필요 없다는 착각

감기약은 무슨, 기도해!

얼마 전, 교회 후배를 오랜만에 만나 식사를 같이했다. 식사를 마치고 커피전문점에서 차 한 잔을 나누며 신앙과 사역 등 많은 이야기들을 나누고 기분 좋게 헤어졌다. 그리고 나서 운전을 하면서 집으로 돌아가는데 갑자기 머리가 어지럽고 몸이 떨리기 시작했다. 분명히 조금 전 점심을 먹을 때까지만 해도 아무렇지도 않았는데 왜 아픈지 그 이유를 알 수가 없었다.

가까스로 집에 도착한 나는 곧바로 방에 들어가 이불을 뒤집어쓰고 누웠다. 그런데 나아지기는커녕 몸이 점점 더 떨리더니 급기야 목이 아프고 코까지 꽉 막혀 왔다. 약이라도 사먹으면 금방 나을 것 같은데 약국까지 갈 엄두조차 나지 않았다.

그때 갑자기 휴대폰 벨이 요란하게 울려 댔다. 어머니였다. 내 목소리를 듣자마자 어디 아프냐고 걱정스러운 목소리로 물으셨다. 몸살이 좀 난 것 같다고 말씀을 드렸더니 바로 한마디 하셨다.

"기도해! 기도하면 하나님이 다 낫게 해주셔!"

어머니는 교회에 다니신 지 10년이 넘었지만 최근에야 깊은 영적 체험을 하시고, 기도에 불이 붙기 시작하셨다. 그래서인지 모든 일에 '기도만 하라'고 하신다. 진로나 이사 등 비교적 큰 일들은 물론이고 일상의 모든 일, 예를 들어 감기에 걸려도 기도, 세면대가 막혀도 기도만 하라고 하신다. 물론 그리스도인이라면 당연히 그렇게 해야 한다.

감기약도 기도 응답

그런데 여기에서 한 가지 의문이 생긴다. 만약에 기도하지 않은 채 약을 먹고 나서 병이 나았다면 나는 기도하지 않았기 때문에 믿음이 없는 사람이 되는 걸까? 기도해서 병이 나았다면 그리스도인에게 약은 아무 쓸모도 의미도 없는 것일까?

그렇지 않다. 하나님께서는 세상의 의술과 약을 통해서도 병이 나을 수 있도록 해주셨다. 물론 하나님께서는 약 없이도 그분의 능력으로 우리의 병을 씻은 듯이 낫게 하실 수 있다. 그러나 그분은 이미 우리에게 '약'이라는 좋은 도구를 미리 허락하셔서 우리의 감기가 쉽고 빠르게 나을 수 있도록 해주셨다. 약을 먹고 낫는 것도 우리에게 허락된 분명한 기도 응답의 한 방법이다.

한 교회 선배는 어떤 질병이든 하나님께서 낫게 해주심을 믿는다며 감기몸살에 걸려도 약을 먹지 않고 기도만 했다. 기도해서 나은 건지 시간이 지나면서 자연스럽게 나은 건지 정확하게 알 수는 없지만 어쨌든 시간이 지나 아픈 것이 낫긴 나았다. 하지만 약국에서 감기약을 사먹었다면 더 빨리 낫지 않았을까? 그래서 하나님은 우리의 몸이 한시라도 빨리 건강해져서 주의 일을 더 많이, 열심히 감당하는 것을 더 기뻐하지 않으실까?

한 사람이 아프면 당사자는 물론이고 주변 사람들에게도 영향을 미친다. 감기가 옮을 수도 있고 하던 일을 못하게 되어 경제적·시간적인 피해를 줄 수도 있다. 좀더 넓은 시각으로 본다면 한 사람의 아픔으로 인해 자신은 물론이고 교회나 직장의 중요한 계획에 차질이 생길 수도 있는 것이다.

물론 감기가 걸렸을 때 기도로 낫겠다는 믿음 자체를 비난하는 것이 아니다. 그리스도인이라면 각자의 믿음이 있고 그에 따라 행동하는 것은 당연하다. 그리고 삶 속에서 모든 일에 기도로 해결하는 신앙처럼 귀한 것도 없다. 하지만 시대적 상황이나 문화적·사회적 배경을 무시한 채 무조건 믿음만을 앞세우는 것은 다시 생각해 볼 일이다. 기도를 하지만 약을 사먹을 수 있는 것이 지혜로운 믿음이다.

하지만 생명과 건강이 위험한 상황일 경우에는 적극적으로 병원을 찾아 진료를 받되 향후의 치료에 대해 깊이 기도해야 한다. 이러한 일에는 하나님의 뜻과 계획하심이 숨어 있는 경우가 많기 때문이다. 주변에는 실제로 그분의 치유하심을 통해 불치병이 낫는 기적도 일어나는 것을 보게 된다. 하나님께서 이러한 기적을 베푸시는 이유는 그것을 통해 주변 사람들이 하나님을 믿게 되고 또한 그분이 영광을 받으시기 때문이다. 그러한 증거들은 성경에 잘 나와 있다. 지붕을 통해 내려진 중풍병자와 나사로가 바로 그 대표적인 예라고 볼 수 있다.

> 그가 일어나 곧 상을 가지고 모든 사람 앞에서 나가거늘 그들이 다 놀라 하나님께 영광을 돌리며 이르되 우리가 이런 일을 도무지 보지 못하였다 하더라 막 2:12

예수께서 들으시고 이르시되 이 병은 죽을 병이 아니라 하나님의 영광을 위함이요 하나님의 아들이 이로 말미암아 영광을 받게 하려 함이라 하시더라 요 11:4

또한 날 때부터 맹인 된 자를 보며 '누구의 죄 때문에 이 사람이 이렇게 되었느냐'는 제자들의 질문에 주님은 '하나님이 하시는 일을 나타내고자 함'이라고 말씀하셨다.

예수께서 대답하시되 이 사람이나 그 부모의 죄로 인한 것이 아니라 그에게서 하나님이 하시는 일을 나타내고자 하심이라 요 9:3

이렇듯 하나님께서는 인간의 질병과 아픔을 통해서 그분의 영광을 드러내시고 그분이 하시는 일을 나타내시기도 한다. 팔다리 없이 태어났지만 전 세계를 다니며 사람들에게 꿈과 희망을 전해 주는 닉 부이치치는 그리스도인은 물론 믿지 않는 이들에게도 많은 감동과 깨달음을 주고 있다. 사고로 심한 화상을 입었지만 많은 이들에게 하나님의 사랑을 전하는 이지선 자매도 그렇다. 이들은 고칠 수도 돌이킬 수도 없는 육체의 아픔을 가졌지만 낙담하거나 하나님을 원망하지 않았다. 오히려 육체는 멀쩡해도 마음이 병들고 정신적으로 고통 받는 이들에게 치유와 자유함을 선물하는 귀한 사역을 감당하고 있다.

기도로 병이 낫는다고 하는 것은 계속해 오던 치료를 무조건 중단한 채 치유 집회를 열심히 따라다니거나 기도원에 들어가는 것만을 의미하는 것이 아니다. 오히려 수술이나 치료를 담당한 의사의 손길을 통해 하나님께서 역사하시기를 간절히 구해야 한다. 담당 의사가 그리스도인이냐 아니냐 하는 문제는 중요하지 않다. 만일 그 의사가 그리스도인이 아니다 하더라도 하나님께서는 그의 경험과 의술을 통해서도 역사하시기 때문이다.

또한 치료약이 환자의 몸에 잘 들도록 기도하는 것도 중요하다. 예를 들어 암이나 백혈병의 경우에는 항암치료로 인해 예상치 못한 부작용이 발생할 수 있다. 머리가 빠지고 온몸이 시리도록 따갑거나 피부 상태가 악화될 수도 있다. 심한 경우 시력을 상실할 수도 있다.

이런 경우에는 항암제를 사용할 것인지 말 것인지 먼저 기도하며 하나님께 지혜를 구하는 것이 좋다. 최근에는 항암제를 투여하지 않고 자연요법이나 식이요법을 통해 암이 완치되었다는 이야기들도 자주 접하게 된다. 일본인 의사인 나카무라 진이치와 콘도 마코토는《암에 걸린 채로 행복하게 사는 법》이라는 책을 통해 암에 걸린 사람은 병원과 의사를 멀리해야 더 좋다는 역설적인 주장을 펴기도 한다.

그러나 무조건 의사와 약만을 신뢰하는 것도, 또 확실한 근거도 없이 책이나 포털사이트의 지식 검색 등을 통한 자연적 치료법에만 의존하는 것도 바람직하지 않다. 병의 종류나 상태, 치료 방법들에 따라서 융통성 있게 기도해야 한다. 하지만 적지 않은 사람들이 믿음이라는 이름으로 무모하게 밀어붙이다가 화를 당하는 경우도 있다.

2012년 2월, 전라남도 보성에서 믿을 수 없는 사건이 발생했다. 교회 목사가 1월부터 감기 증상을 보인 두 자녀를 병원 치료도 받지 못하게 한 채 기도만 하다가 결국 죽게 만든 것이다. 그것도 모자라 숨진 자녀를 살린다며 수일째 방치하고 큰 딸이 먼저 숨지자 기도하면 살아난다고 믿고 장례도 치르지 않고 10일이 넘도록 기도만 했다고 한다. 경찰 조사 결과, 그 목사는 안수는커녕 신학교도 다니지 않았으며 해당 교회 또한 교단에 속해 있지 않았다고 한다.

이 문제의 핵심은 그가 진짜 목사이냐 아니냐, 사이비냐 아니냐가 아니다. 하나님을 믿는다고 하는 한 사람이 성경의 참뜻을 깨닫지 못한 채 그러한 어리석은 행동을 저질렀다는 것이다. 정도의 차이가 있을 뿐, 우리의 일상생활 속에서도 이러한 일들은 심심찮게 일어나고 있다.

간단하지만 확실한 응답들

감기약은 하나님이 미리 예비해 주신 응답이다. 그것을 무시한 채, 하나님이 초자연적인 치유를 베풀어 주셔서 낫게 하시는 것만이 믿음이라는 착각에서 벗어나야 한다. 하나님의 치유는 다양한 방법으로 우리에게 임하신다. 약국에서 파는 수많은 약들과 의사와 간호사의 손길 역시 하나님께서 이미 준비해 놓으신 응답의 한 방법이다.

요한계시록 3장을 보면 라오디게아 교회를 향한 메시지가

나오는데 그 가운데 18절에 '안약을 사서 눈에 발라 보게 하라'
는 말씀이 등장한다.

> 내가 너를 권하노니 내게서 불로 연단한 금을 사서 부요하게 하
> 고 흰 옷을 사서 입어 벌거벗은 수치를 보이지 않게 하고 안약을
> 사서 눈에 발라 보게 하라 계 3:18

라오디게아 지역은 안약으로 유명했던 곳이었는데 이것을 빗대어 주님이 권면의 말씀을 하신 것이다. 물론 영적인 눈을 뜨라는 말씀으로 이해해야 하지만 그 당시에도 안과 질환에 걸린 사람들에게 안약이 치료제로 사용되었음을 짐작할 수 있는 부분이다. 진흙을 이겨 눈에 바르고 실로암에서 씻어서 보게 된 사람도 있었고 바디매오처럼 말씀 한 마디에 눈을 뜬 사람도 있었다. 하지만 분명히 안질에 걸린 사람들은 안약을 통해 질병이 나음을 받기도 했다.

우리의 일상 속에는 이처럼 쉽고도 간단한, 그러나 아주 확실한 응답이 많이 존재한다. 그럼에도 그것을 깨닫지 못하고 믿음이라는 이름으로 그 모든 응답들을 외면한 채, 기도만 외치는 실수는 없었는지 돌아볼 필요가 있다.

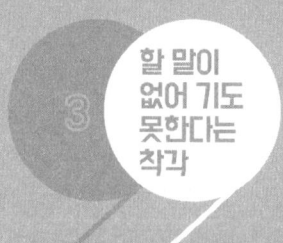

할 말이 없어 기도 못한다는 착각

기도하면 5분 넘기기가 힘들어요

교회에 다닌 지 얼마 되지 않았지만 예배와 말씀 가운데 은혜를 받아 기도를 시작해 보려고 하는 그리스도인들이 있다. 그런데 이런 사람들 가운데 많은 이들이 공통적으로 토로하는 하소연이 있다.

"기도를 시작하고 5분이 지나면 더 이상 할 말이 없어요. 어떻게 하면 기도를 오래 할 수 있죠?"

자신의 진로와 건강, 경제적인 문제를 시작으로 해서 기껏해야 가족들을 위한 기도 몇 마디를 하고 나면 정말 5분이 아니라 1~2분도 길게 느껴질 때가 있다. 하지만 한번 생각해 보자. 기도할 것이 없다는 것은 자신의 삶이 그만큼 완벽하다는 것을 의미한다. 기도를 하다가 할 말이 없어 기도가 끊긴다는 것은 아쉬운 것도 필요한 것도 없다는 말이다. 내가 사고 싶은 것 마음껏 살 수 있을 정도로 물질적으로 충분하고 집안에는 아픈 사람도 없고 진로에도 아무 걱정거리가 없으며 육체적으로나 영적으로도 모두 평안하다는 의미다.

하지만 정말 그럴까? 우리가 그런 삶을 살고 있을까? 나는 물론이거니와 내 가족들이 모두 다 평안하고 만족스럽고 행복하고 즐겁고 기쁘게만 살고 있는 걸까? 기도할 것이 없을 정도로? 그렇다면 지금 당장 노트 한 권을 펴서 자신에게 부족한 부분, 필요한 것들, 해결해야 할 문제들을 하나씩 적어 보라. 몇 분도 안 되어서 한 페이지를 넘길지도 모른다. 그렇게 노트에 적은 고민거리, 해결해야 할 문제들, 필요한 것들을 정리하면 그것이 바로 기도 제목이 되고 기도 노트가 되는 것이다.

처음에 할 말이 생각나지 않는다면 먼저 이렇게 목록을 작성하여 읽기만 해도 기도에 큰 도움이 된다. 자신의 건강과 가정, 교회와 공동체, 직장에서의 승진과 인간관계, 결혼과 진로 등 내 주변을 둘러싼 모든 것을 위해서 기도해야 한다. 믿음의 성장과 물질적인 안정을 위한 기도도 잊지 말아야 한다. 교회와 담임목사님, 나라의 평안과 대통령을 위해서도 기도해야 한다. 그렇게 기도하다 보면 5분이 아니라 50분도 부족하다. 아버님은 나이 80이 넘어서 그렇게 기도를 시작하셨다.

기도 노트의 힘

지금은 천국에 계신 아버님. 목회자인 큰아들의 성화에 못 이겨 70이 넘어 억지로 교회에 다니기 시작하셨고 그나마도 예배당 맨 뒷자리에서 그냥 자리만 지키시던 분이었다. 찬양 시간은 물론 기도 시간에도 입은 꼭 다물고 눈만 멀뚱멀뚱 뜨고 계셨다. 설교 시간엔 지루함에 안절부절 못하시다가 중간에 밖에 나가서는 동네를 한 바퀴 돌고 오기도 하셨다. 그저 그렇게 교회라고는 몸만 왔다 갔다 하시던 분이었다.

그러던 2001년 겨울 어느 날, 아버지와 우리 가족 모두에게 충격적인 비보가 날아들었다. 큰형이 백혈병에 걸린 것이다. 다행히 골수이식을 받고 회복되었지만 몇 개월 후 다시 재발하고 말았다. 부작용으로 인해 시력도 거의 잃었고 온 몸에 피부병도 생겼다. 입 안도 다 헐어서 식사는 물론 약도 거의 먹지 못할 지경에까지 이르렀다.

더군다나 큰형은 지체 2급 장애인이라 그 고통은 다른 사람들보다 몇 배 더 클 수밖에 없었다. 그런 이유로 부모님은 큰형에 대해 어려서부터 마음이 특별하셨다. 그런데 이제는 백혈병까지 걸려서 힘겹게 사선을 오가고 있었으니 그 모습을 지켜보는 부모의 마음이야 오죽했으랴. 자식의 병만 낫는다면 무엇이든 하겠다는 부모님이셨다. 바로 그때 큰형이 아버지께 한 가지 부탁을 드렸다.

"아버님, 저를 위해 기도해 주세요. 그러면 하나님께서 저를 낫게 해주실 거예요."

"기래? 알갔어, 기럼 내가 기도해야디. 기럼!"

이북이 고향이신 아버님께서는 애지중지 하던 큰아들이 살 수 있다는 말에 앞뒤 안 가리고 무작정 기도를 하겠다고 약속하셨다. 기도라고는 평생 동안 한 번도 해보지 않으신 분이 말이다. 그래서 큰형수는 아버님께 큰형의 치료와 회복을 위한 몇 가지 기도 제목을 큰 글씨로 편집해서 A4 용지에 출력해드렸다. 그리고 아버님께서는 당장 그날부터 큰형 집 서재에서 하루 세 번 정해진 시간에 기도를 시작하셨다.

하지만 처음에는 말이 기도지 형수가 뽑아 준 그 기도문을 큰형 서재에서 몇 번씩 반복해서 읽으신 것이 전부였다. 아들의 병이 낫는다는 그 말 한 마디에 몸을 앞뒤로 흔들어 가며 아주 큰 소리로 간절하게 기도하셨다. 아니, 정확하게 말하면 기도문을 그냥 소리 내어 읽으셨다. 교회 마당만 밟아오셨던 아버지가 하루도, 단 한 번도 거르지 않고 하루 세 번의 기도를 하신 것이다.

그러던 어느 날이었다.

볼일이 있어서 큰형 집을 방문했던 나는 우연히 아버님이 기도하시는 소리를 듣게 되었다. 서재에서 흘러나오는 아버님의 기도 소리. 나는 궁금해서 서재문을 살며시 열어 보았다. 그 순간 나는 놀라운 광경을 보게 되었다. 아버님께서 기도문을 전혀 안 보고 기도하시는 것이었다. 목소리도 우렁차고 줄줄 막힘이 없으셨다. 큰형수가 그냥 읽으시라고 드린 기도문을 하루에도 몇 번씩 반복하다 보니 저절로 외워진 것이다. 이후로도 아버지는 그렇게 매일 세 시간을 큰아들의 완치를 위해 간절히 기도하셨다. 80을 넘긴 노인이, 그것도 눈을 꼭 감고 눈물까지 흘리시면서 말이다.

적어도 이 책을 보고 있는 독자들은 80세 미만이 대부분일 것이다. 그렇다면 기도 제목을 조목조목 적어서 매일 읽듯이 기도해 보라. 어색하면 그냥 읽기만이라도 해보라. 시간이 지남에 따라 그 내용이 외워지고 나중에는 저절로 기도가 나올 것이다. 80이 넘으신 우리 아버님처럼 말이다. 할 말이 없다는 것은 아주 합리적인 핑계이자 큰 착각에 지나지 않는다.

간절함이 있다면 어떤 방법을 사용해서라도 기도할 수 있다. 내가 처한 상황을 극복하고자 하는 간절함이 있다면, 영혼을 향한 안타까움과 사랑이 있다면 기도를 안할 수가 없다. 우리의 기도는 하늘 문을 여는 비밀의 열쇠이기 때문이다. 우리가 기도하면 그분은 들으시기 때문이다.

너희가 내게 부르짖으며 내게 와서 기도하면 내가 너희들의 기도를 들을 것이요 렘 29:12

구체적으로 기도하라

아직 결혼을 못했는가? 기도하라. 본인이 원하는 이상형을 놓고 구체적으로 기도하라. 긴 생머리에 키와 몸무게는 어느 정도이고 학력과 가정환경은 이랬으면 좋겠고 신앙과 성격이 저랬으면 좋겠다고 구체적으로 기도하라. 아마 그 기도만으로도 한 시간이 부족하게 될 것이다.

취업을 앞두고 있는가? 원하는 조건과 연봉 등을 놓고 또한 구체적으로 기도하라. 어느 회사의 어느 부서에 가고 싶고, 상사와 동료는 이런 사람을 만나게 해달라고, 회사 위치도 집에서 멀지 않게 해달라는 등 상세하게 기도하라. 하나님께서는 구체적으로 조목조목 상세하게 기도할 때 그대로 응답해 주신다. 그것이 세속적으로 보일 수도 있다. 그러나 자신이 그러한 기도 제목에 대해 하나님 앞에 당당할 수 있고 부끄럽지 않다면 문제될 것이 없다. 오히려 두루뭉술하게 기도하면 응답도 그렇게 애매하게 온다.

수년 전에 같이 섬기던 교회에서 함께 사역했던 목사님 부부가 있다. 그 부부는 서로 기도 가운데 확실하고 정확한 응답을 받고 결혼을 했다고 한다. 결혼 이야기를 들어 보니 정말 기가 막혔다. 왜냐하면 서로 기도한 그대로 배우자를 만났기 때문이다. 사모님은 기도하기를 다른 것 하나도 중요하지 않으니 말씀을 잘 전하는 목회자이기만 하면 된다고 기도하셨단다. 보통의 여자 같으면 경제력과 외모, 학력, 그리고 신앙 등을 보았을 텐데 말이다. 또 목사님은 자신의 말에 100퍼센트 순종 잘하는 여자를 만나게 해달라고 기도했다. 외모도 집안도 경제력도 다 필요 없고 순종 하나면 다 된다고 했다.

그런데 정말 그 부부의 기도대로 사모님은 말씀을 아주 탁월하게 전하시는 분을 만났고 목사님은 자신에게 순종하며 헌신하는 사모님을 만났다. 정확하게 기도가 응답된 것이다. 하지만 재미있는 사실은 구체적으로 말하지는 않았지만 그 외의 부분에 대해서는 지내면서 서로 아쉬움이 많다는 것이었다. 그러면서 자신이 마음속에 품은 배우자에 대해 조목조목 기도하는 것이 중요하다고 하셨다.

5만 번 이상 기도 응답을 받았다는 죠지 뮬러. 그는 남들이 보기에 사소한 것이라도 기도해서 응답을 받았다. 그것도 구체적이고 분명하게 기도했고 그대로 응답 받았다. 예를 들어 창고의 열쇠를 잃어버렸을 때, 그는 그것을 찾게 해달라고 기도했다. 그랬더니 창고 밑에서 열쇠를 찾았다. 고아들에게 줄 우유가 떨어졌을 때에도 그는 우유를 달라고 기도했다. 그런데 그때 마침 고아원을 지나가던 우유를 가득 실은 수레의 바퀴가 고장 나 더 이상 갈 수 없게 되었다. 그 주인은 바퀴를 고쳐서 가봐야 시간이 지체되어 우유가 상해서 먹을 수 없게 될 것이라며 그 우유를 고아들에게 먹이라고 해서 우유를 배불리 먹이기도 했다. 이 외에도 수없이 많은 기도 제목들이 응답되었다.

기도를 적게 하면 적게 오고 많이 하면 많이 온다. 구체적으로 기도하면 구체적인 기도 응답을 받게 된다. 그리고 무엇보다 중요한 것은 일단 입을 열어 고백하라는 것이다. 기도를 더 이상 늦출 이유는 없다.

지금 당장 구체적인 기도 제목들을 하나하나 적어 보라. 결혼, 취업, 진학, 자녀, 부모님, 교회, 공동체 등등 원하고 바라는 것들을 적어 놓고 그대로 기도하다 보면 5분을 넘어 한 시간이 언제 갔는지도 모르게 시간이 갈 것이다. 팔순의 어르신도 그렇게 한 시간씩 매일 세 시간을 기도하셨다. 할 말이 없어서 기도할 수 없다는 말은 핑계이자 아주 큰 착각에 지나지 않는다.

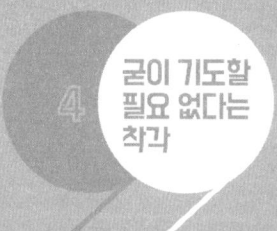

4 굳이 기도할 필요 없다는 착각

모든 것을 다 아시는 하나님이라며?

청년 시절 섬기던 교회에서 일대일 제자양육을 받던 한 후배가 기도에 대한 내용을 공부할 때 이런 질문을 했다.

"하나님은 우리의 중심을 다 알고 계시니까 굳이 기도하지 않아도 다 들어주시지 않을까요?"

그 후배의 말을 들어 보니 일리가 있어 보였다. 나의 상황과 처지, 필요와 간구를 모두 다 아시는 하나님이시라면 굳이 내가 시끄럽게 아뢰지 않아도 이미 다 알고 계실 것이다. 그러니 '기도하는 것이 무슨 의미가 있을까' 하는 생각이 드는 것도 어찌 보면 당연하다. 나 또한 어렸을 때에는 그런 생각을 하기도 했다.

하지만 다시 깊이 생각해 보면 후배의 그 말은 반은 맞고 반은 틀리다. 그리고 더 솔직하게 말하자면 정말 기도하고 싶은 마음이 있는 그리스도인이라면 이러한 질문을 하지 않는다. 이 질문에는 '기도하기가 어렵고 힘들다'는 전제 조건이 깔려 있기 때문이다. 그래서 기도하기 싫어하는 자기 자신을 합리화시키고 싶은 마음에 이런 말을 하게 되는 경우가 많다.

하나님은 우리의 중심과 원하는 바를 정확히 알고 계신다. 그러나 우리가 기도하지 않으면 그분은 듣지 않으신다. 그래서 예배 가운데 그분의 임재를 체험해야 하며 말씀을 읽는 가운데 들려오는 그분의 음성에 귀를 기울여야 한다. 그리고 우리가 원하는 바를 분명하게 하나님께 아뢰어야 한다. 하나님은 우리가 원하는 것이라면 무엇이라도 그대로 해주실 수 있는 유일한 분이시기 때문이다.

그러므로 내가 너희에게 말하노니 무엇이든지 기도하고 구하는 것은 받은 줄로 믿으라 그리하면 너희에게 그대로 되리라 막 11:24

또한 하나님께서는 우리가 기도하는 것을 기뻐하시고 우리의 목소리를 듣고 싶어 하신다. 우리를 사랑하시기 때문이다. 사랑하는 사람과는 많은 이야기를 나누고 싶어진다. 자신에게 일어난 일들을 말해 주고 싶고 상대방은 무엇을 했는지 궁금하기 때문이다. 또 사랑한다고 말하고 싶어서 입이 근질근질해지기도 한다. 이와 마찬가지로 우리가 하나님을 사랑한다면 그분께 기도하는 것은 당연한 일이다. 나의 하루에 대해 말하고 또 그분의 음성을 듣고 싶기 때문이다. 사랑한다면 굳이 기도하라고 강요할 필요도 없다.

부르짖는 기도의 힘

그런데 기도를 마음으로만 하는 사람들이 있다. 예배당이나 기도실에 앉아서 마음의 생각들을 머릿속에서만 나열한다. 간혹 혼잣말처럼 입으로 중얼거리기도 하지만 무슨 말인지 전혀 알아들을 수 없을 때도 있다. 물론 경우에 따라서는 묵상기도나 관상기도도 필요하지만 기도할 때에는 통성기도가 더 좋다. 그래서 성경은 이렇게 말하고 있다.

너는 내게 부르짖으라 내가 네게 응답하겠고 네가 알지 못하는 크고 비밀한 일을 이루리라 렘 33:3

소리 내어 기도하는 것도 모자라 부르짖으라고 말한다. 그 이유는 부르짖는 기도에는 힘이 있기 때문이다. 그 기도에 응답이 있고 하나님의 크고 놀라운 비밀한 일들이 가득하다. 시편 기자도 고백하기를 부르짖을 때 하나님께서 자신에게 귀를 기울이신다고 말한다.

내가 내 음성으로 하나님께 부르짖으리니 내 음성으로 하나님께 부르짖으면 내게 귀를 기울이시리로다 시 77:1

이 본문을 NIV(New International Version) 성경으로 보면 그 의미가 더 명확하게 드러난다.

I cried out to God for help; I cried out to God to hear me.

'cry out'이라는 표현은 '아주 위급한 상황에서 비명을 지를 정도로 소리 높여 외치는 것'을 의미한다. 또 어떤 것을 절실히 필요로 한다는 뜻이기도 하다. 인간은 급한 상황에 처하면 본능적으로 소리를 지르게 되어 있다. 그 상황이 급박할수록, 그 대상이 중요할수록 그 소리는 더 커진다. 절체절명의 어려움에 처해 있는데 조용히 묵상기도를 하고 있을 수는 없다. 입을 열어 기도해야 한다. 하나님께 아뢰어야 한다. 기도하지 않으면 모든 것이 불가능하다. 더 나아가 통성기도가 필요하다. 간절하고 애절한 마음으로 부르짖어야 한다.

몇 년 전 나는 '가슴을 찢는다'는 표현을 온몸으로 느낄 수 있을 만큼 아픈 마음으로 몇 시간을 기도실 바닥에 주저앉아 통곡하며 기도한 적이 있다. 너무 괴로워서 기도실에서 혼자 뒹굴며 기도했다. 고래고래 소리를 질러 대서 목은 다 쉬었고 얼굴은 눈물과 콧물로 뒤범벅이 되었다. 그것은 그저 내 답답한 마음을 하소연하고 한풀이한 것이 아니었다. 하나님 앞에서 거듭되는 나의 죄악 된 모습을 발견하고 견딜 수 없을 만큼 아파한 것이었다. 억지로 소리를 크게 내라고 하면 그렇게 못할 것 같다. 그러나 하나님 앞에 간절하면 그렇게 된다. 안타깝고 절실하면 그럴 수밖에 없다.

기도하지 않는 사람들의 두 가지 핑계

하지만 기도를 하지 않는 사람들은 간절함이 있을 리 없다. "기도? 해야죠"라고 하면서도 생각만 있을 뿐 여러 가지 핑계를 대고 입을 열어 기도하지 않는다. 오랜 시간 교회에서 사역하면서 기도와 관련해 재밌는 사실을 발견했다. 기도하지 않는 사람들의 핑계를 살펴보면 몇 가지 공통점이 있다는 사실이다.

❶ 시간이 없어서

그리스도인들이 기도하지 않을 때 가장 자신 있게 말할 수 있는 핑계가 있다면 그것은 바로 '시간이 없어서'라는 대답일 것이다. 물론 틀린 말은 아니다. 아침에 정신 없이 일어나 부랴

부랴 씻고 밥 먹고 발 디딜 틈조차 없는 버스나 지하철을 타고 출근한다. 어떤 사람들은 주차장과도 같은 도로를 힘겹게 운전해서 출근하기도 한다.

그렇게 어렵사리 회사에 도착해서는 직장 상사의 눈치를 보며 일을 하고 점심은 먹는 둥 마는 둥. 그리고 저녁이 되면 야근과 회식에 시달리다가 집에 오면 피곤에 지쳐 양치질도 못 하고 잠이 드는 경우도 있다. 반복되는 이러한 일상을 보내는 사람이라면 "그런 와중에 기도할 시간을 내라고? 말도 안 되는 소리는 꺼내지도 마!"라고 할지도 모르겠다. 물론 그러한 상황들이 이해는 되지만 그렇다고 정말 기도할 시간이 하나도 없는 것일까?

나는 전에 직장 다닐 때, 출퇴근 하는 전철이나 버스 안에서 눈을 감고 기도했다. 지금도 일을 보기 위해 대중교통을 이용할 때면 그렇게 기도를 한다. 요즘은 스마트폰으로 시간을 보내는 사람들이 대부분이지만 난 그 시간을 이용해 기도를 한다. 아무리 사람이 많아서 비좁아 불편할지라도 기도를 못할 이유는 전혀 없다. 하나님은 동일하게 그 안에 나와 함께하신다.

운전을 할 때에도 기도한다. 찬양을 듣고 따라 부르며 마음을 모으고 기도를 한다. 이땐 당연히 눈을 뜨고 기도를 한다. 처음에는 눈을 뜨고 기도를 한다는 것이 어색하고 힘들었다. 가끔 창문을 열고 운전할 때면 옆에 있는 운전자가 나를 이상하게 쳐다보기도 했다. 하지만 매일 반복하자 조금씩 차에서 기도하는 게 습관이 되었다.

운동을 하면서도 기도할 수 있다. 헬스클럽에서는 주로 경쾌한 음악이 크게 나오기 때문에 적당하게 소리를 내어 기도해도 옆 사람은 잘 모른다. 점심 시간도 빼놓을 수 없다. 조금만 서둘러 점심을 먹으면 20~30분 정도의 시간은 만들 수 있다. 이 정도 시간만 매일 기도해도 엄청난 시간이다.

기도할 시간이 없는가? 만들면 된다. 기도는 시간이 있어서 하는 것이 아니라 시간을 만들어서 하는 것이다. 장소가 없다고? 장소는 찾아보면 얼마든지 있다. 물론 섬기는 교회에 직접 가서 기도하는 것이 가장 좋다. 하지만 꼭 교회에서만 기도하라고 누가 그랬던가? 하나님이 교회에서만 우리의 기도를 받으시는 분인가? 그렇지 않다는 것을 우리는 너무나도 잘 알고 있다. 회사 옥상이나 차 안도 좋다. 정 안 되면 화장실은 어떤가? 시간이 부족하고 장소가 마땅치 않아서 기도를 못한다는 핑계는 대지 말자.

살아가면서 사람들은 이런저런 변명을 하게 되는데 그 가운데 가장 어리석고 못난 변명은 바로 "시간이 없어서…"라는 변명이라고 한다. 누구에게나 평등하게 주어진 하루 24시간, 1,440분, 86,400초. 그런데도 사람들은 자기만 시간이 없다고 한탄한다. 노력하지 않아도, 아무런 수고를 하지 않아도 그 시간은 우리에게 매일 주어지기 때문에 사람들은 그 귀중함을 잘 모르고 산다. 우리에게 공짜로 주어졌기 때문이다. 주의 자녀 된 우리 그리스도인이 하나님과 대화할 시간이 없다고 말할 수는 없다. 시간을 잘 활용하여 기도하는 그리스도인, 그의 삶은 이 세상을 주관하시는 하나님이 보장하신다.

❷ 믿음이 약해서

초신자는 물론이고 수십 년 교회를 다닌 사람들조차도 기도를 하지 못할 때 습관처럼 하는 말이 있다. "믿음이 약해서"다. 마음이 약해서 모진 소리를 못할 수는 있다. 기력이 쇠하여 운동을 못할 수도 있다. 그러나 믿음이 약해서 기도를 못할 수는 없다. 기도는 믿음이 강한 사람만이 할 수 있는 것이 아니기 때문이다. 오히려 믿음이 약하기 때문에 더 기도해야 한다. 식욕이 없다고 계속해서 밥을 안 먹을 수는 없다. 식사를 하는 것은 선택이 아니라 필수이기 때문이다. 기도하는 것 또한 그리스도인에게 선택이 아니라 필수다.

어떤 성도들은 교회에서 소위 '믿음이 좋다고 생각하는 한 성도'의 유창한 기도를 듣고는 기가 죽어서 기도를 못하기도 한다. 그러면서 "저 집사님은 믿음이 좋아서 기도를 잘 하잖아요"라고 말한다.

기도를 잘한다는 것은 무엇을 의미하는가? 막힘 없이 술술 나오는 것? 아니면 미사여구를 사용한 화려한 기도? 한도 끝도 없이 오래 하는 것? 모두 아니다. 기도는 유창한 말솜씨로 할 수 있는 것이 아니다. 한마디도 쉼 없이 끊이지 않고 술술 나오거나 그 옛날 약 장사가 동네 어귀에서 약을 팔 듯 달변이어야만 하는 것도 아니다. 기도는 그저 마음을 담아 입을 열어 아뢰는 것이다.

둘째 아이가 한참 말을 배울 무렵이었다. 어느 날 그 아이가 울면서 내게 달려왔다. "아빠, 여기, 아파." 방문을 열다가 문 아래 부분에 발가락이 살짝 다쳤나 보다. 난 아무 어려움 없이 딸아이의 의사를 전달받을 수 있었다. 주어, 동사, 목적어의 어순도 중요하지 않았다. 발음도 부정확했지만 난 알아들을 수 있었다. 단지 아이가 무엇을 원하는지, 무엇을 말하고자 하는지만 알아들으면 그만이다.

물론 조금씩 성장하고 학교에 들어가면 그에 맞는 문법과 표현이 필요하다. 그러나 지금 이 아이에게 중요한 것은 뭔가? 바로 의사표현이며 소통이다. 말을 잘하고 못하고는 나중 문제다. 믿음이 약해서 기도를 못한다고 생각하는가? 그러면 오히려 기도를 통해 믿음을 강하게 해야 한다. 믿음이 강해지고 싶은가? 그렇다면 지금 바로 기도를 시작하자. 우리의 모든 것을 아시기에 기도를 하지 않아도 된다는, 시간이 없고 믿음이 약해서 기도하지 못한다는 말도 안 되는 착각과 평계에서 벗어날 때다.

5 사소한 것은 기도할 필요 없다는 착각

뭘 이런 것까지 기도해

얼마 전 길을 가다가 본 광경이다. 저 앞에서 내 쪽으로 걸어오던 어떤 사람이 바닥에서 무언가를 하나 줍는 것이었다. 그러고는 이내 다시 바닥에 툭 던져 버렸다. 그 사람이 지나가고 난 후, '그게 뭘까?' 궁금해서 봤더니 10원짜리 동전이었다. 나 같아도 그 사람과 크게 다르지 않게 행동했을 것 같다. 요즘은 구경하기조차 쉽지 않은 별 볼일 없는 동전이니 말이다.

우리는 이처럼 사소한 것을 간과하는 경향이 있다. 시간도 그렇다. 차를 기다리는 시간, 쉬는 시간 10분을 그냥 멍하게 보내는 이들이 많다. 하지만 그 10분을 모으고 모아 60개가 넘는 자격증을 획득한 선생님도 있다고 하니 그 '작은' 힘이 얼마나 큰지 우리는 다시 생각해 봐야 할 것이다.

기도도 마찬가지다. 많은 그리스도인들이 '우리가 생각하기에 굵직한 것'들만 기도하려고 한다. '사소하고 하찮아 보이는 것'들에 대해서는 "뭘 그런 것까지 기도해"라면서 오히려 이상하게 생각한다. 하지만 그런 사소한 기도들이 정말 '사소한 것'일까? 우리가 작다고, 별것 아니라고 치부해 버린 것들이 하나님 보시기에도 과연 그럴까?

기도에는 크기가 없다

기도에는 크기가 없다. 암에 걸려서 암을 낫게 해달라고 금식하며 기도하는 것만이 기도가 아니다. 정말 피곤한 아침 출근길에 자리에 앉아서 가게 해달라고 아뢰는 것도 기도다. 우리가 생각하기에 큰 것이든 작은 것이든 무엇이든지 믿고 구하는 것은 다 받을 수 있는 것이 기도다. 정욕을 위해 구하는 것만 아니라면 말이다. 성경에 그렇게 기록되어 있다.

> 너희가 기도할 때에 무엇이든지 믿고 구하는 것은 다 받으리라 하시니라 마 21:22

> 너희가 얻지 못함은 구하지 아니하기 때문이요 구하여도 받지 못함은 정욕으로 쓰려고 잘못 구하기 때문이라 약4:2b-3

그런데 우리는 스스로 기도에 등급을 매겨 놓았다. 큰 것과 작은 것, 중요한 것과 그렇지 않은 것. 하나님의 기준이 아닌 '우리의 기준'에 따라 은연중에 기도를 구분해 놓은 것이다. 그래서 큰 것과 중요한 것만 기도해야 하고 작은 것과 중요하지 않은 것은 기도하지 않아도 된다고 생각한다. '하나님이 얼마나 바쁘신데, 그 정도는 우리가 스스로 알아서 해야 하지 않을까'라고 말이다. 감히 피조물에 지나지 않은 우리가 창조주이신 하나님을 걱정하다니, 기가 막힐 노릇이다.

일이 이쯤 되다 보니 우리는 일상생활에서 하나님은 거의 제쳐 놓고 살아간다. 가족이 심각한 병에 걸렸거나 경제적으로 어려움에 처했을 때, 진로의 갈림길에 서 있을 때 그제서야 하나님 앞에 부랴부랴 달려간다. 이렇게 우리는 평상시에는 하나님을 외딴 곳에 모셔 두고 살다가 상황이 급해진 다음에야 그분을 찾는 데 익숙해져 있다.

리처드 포스터는 일상생활에서 하나님을 발견하는 것의 중요성에 대해 이렇게 말한다.

하나님은 거창하거나 영웅적인 것에서 발견되는 것이 아니라 일상적이고 평범한 것 속에서 발견된다. 가정과 직장에서의 일상적인 생활에서 하나님을 찾지 못한다면 우리는 어디서도 하나님을 찾을 수 없다. 우리의 삶은 경건한 교향악이 되어야 한다. 일하는 것과 노는 것, 가정, 예배, 성, 수면까지도 영원한 것의 거룩한 처소가 되어야 한다.*

우리는 언제 어디서나 하나님을 찾고 그분께 아뢰어야 한다. 시간도 장소도 따로 정할 필요가 없다. 학교나 직장은 물론, 집에서도 하나님을 만나야 한다. 버스나 전철을 기다리는 동안에도, 운전하다가 잠시 신호등에 걸렸을 때에도, 심지어 화장실에서도 얼마든지 기도할 수 있다. 아니, 그래야 한다. 민망하다고, 부끄럽다고 생각되는가? 그렇지 않다. 변비도, 성생활의 어려움도 그분께 낱낱이 고해야 한다. 고상한 척은 이제 그만하자.

하나님은 언제 어디서나 우리와 함께하신다. 그래서 나의 작은 관심과 요청에도 외면하지 않으신다. 크고 어려운 고민은 물론이고 나의 작은 신음과 아픔에도 응답하신다. 언제나 신실하시며 자비로우신 분이다. 그래서 우리는 어떤 사소한 기도라

---

* 리처드 포스터, 《기도》, 송준인 옮김(두란노, 2011), 230면.

도 하나님 앞에 올려 드릴 수 있다. 우리가 생각하기에 크고 거룩한 기도 제목만을 기뻐 받으시는 분이 아니시다. '이런 하찮은 기도를 들어주실까?'라는 생각은 사탄이 주는 교묘한 방해 술책이다. 하나님 앞에서 '하찮은 기도'는 없다. 그런 쓸데없는 염려를 하지 말고 '모든 일'에 기도하되 '감사함'으로 아뢰라고 성경은 우리에게 조언한다.

> 아무것도 염려하지 말고 다만 모든 일에 기도와 간구로, 너희 구할 것을 감사함으로 하나님께 아뢰라 빌 4:6

E. M. 바운즈는 기도에 대해 다음과 같이 말한다.

> 기도는 단순하며 어린아이를 닮은 요소들이 있는데, 이것 때문에라도 진정한 기도는 아주 힘들다. 지성은 마음을 방해한다. 오직 어린아이 같은 심령만이 기도의 영이며, 어른을 다시 어린아이처럼 되게 하기란 쉬운 일이 아니다.[**]

어린아이들은 단순하다. 복잡하게 생각하지 않는다. 무언가 필요할 때에는 그냥 부모를 찾는다. 엄마가 자신의 요청을 들어줄까 안 들어줄까, 이 말을 하면 아빠가 혼낼까 혼내지 않을까 고민하지 않는다. 배고프면 밥을 달라 하고 심심하면 놀아

[**] E. M. 바운즈, 《기도는 강하다》, 전의우 옮김(두란노, 2009), 127면.

달라고 한다. 마음에 안 들면 울면 그만이고 기분이 좋으면 몇 분이고 깔깔대고 웃음을 그칠 줄 모른다. 그게 아이들이다.

심각하게 인생이 걸린 문제를 의논하지도 않는다. 생활 속에서 자신이 필요한 것을 구할 뿐, 자신이 원하는 것을 늘 제공해 주는 부모에게 당연하게 요청하고 부모들은 그에 응답한다. 그게 어린아이들의 특성이고 또 부모의 모습이다. 우리가 하나님께 구하는 것도 다르지 않다. 물론 우리 대부분은 성인이기에 진로의 문제, 건강과 경제적인 문제 등 굵직굵직한 문제들을 놓고 깊이 기도해야 할 필요가 있다. 하지만 자신이 느끼기에 사소한 것까지라도 아뢰고 구하는 것은 자녀 된 자로서 당연한 의무인 동시에 특권이다. 우리가 그분의 이름으로 무엇을 구하든지 그대로 행하신다고 약속하셨기 때문이다.

> 너희가 내 이름으로 무엇을 구하든지 내가 행하리니 이는 아버지로 하여금 아들로 말미암아 영광을 받으시게 하려 함이라 내 이름으로 무엇이든지 내게 구하면 내가 행하리라 요 14:13-14

우리는 그분의 이름으로 '무엇이든지' 구하기만 하면 된다. 그러면 그분이 행하신다. 우리가 보기에 사소한 것일지라도, 하찮아서 망설여지는 것이라 할지라도 그분은 자녀 된 우리를 위해 모든 것을 행하신다. 그것이 성경에서 말하는 신앙의 원리이자, 기도에 대해 우리가 반드시 기억해야 할 비밀이기도 하다.

주기도문의 비밀

어떤 이들은 그런 일상적이고 사소한 것들을 위해 기도하는 사람들을 보며 "뭘 그런 것까지 기도해?"라면서 비웃기도 한다. 하지만 정말 그럴까? 그런 기도 제목들을 놓고 기도하는 것이 비웃음의 대상이며 사소하다고 우습게 여길 만한 것일까? 하나님께서도 과연 그렇게 생각하실까? 우리가 예배 때 고백하는 주기도문을 한번 살펴보자.

> 오늘 우리에게 일용할 양식을 주시옵고 우리가 우리에게 죄 지은 자를 사하여 준 것같이 우리 죄를 사하여 주시옵고 우리를 시험에 들게 하지 마시옵고 다만 악에서 구하시옵소서(나라와 권세와 영광이 아버지께 영원히 있사옵나이다 아멘) 마 6:11-13

마태복음 6장에 나오는 주기도문은 주님이 우리에게 "이렇게 기도하라"고 알려 주신 '기도지침서'다. 그런데 그 기도문의 맨 처음에 언급하는 것이 무엇인가? 바로 '일용할 양식을 주시옵고'다. 그분의 '나라와 권세와 영광이 아버지께 영원히 있'기를 구하는 것은 맨 나중이다. 두 번째로 나오는 말은 내 죄를 용서해 달라는 것이고 이어서 악에서 구해 달라는 내용이 나온다. 맨 뒤에나 가서야 하나님의 나라와 권세와 영광이 있기를 구한다.

주님이 가르쳐 주신 기도가 그렇다. 우리의 기도 가운데 가장 중요하고 우선시 해야 할 제목은 그 어떤 거룩한 것이 아니다. 내 일상의 모든 일들을 구하는 것이 부끄럽거나 기도할 만한 것이 아니라는 착각에서 벗어나야 한다. 우리는 주님이 우리에게 가르쳐 주신 대로 그렇게 기도해야 한다.

성경은 우리에게 크고 중요한 일만 기도하되 작고 사소한 것은 혼자 알아서 하라고 가르치지 않는다. 무엇이든지 원하는 대로 구하면 이루리라고 했다.

너희가 내 안에 거하고 내 말이 너희 안에 거하면 무엇이든지 원하는 대로 구하라 그리하면 이루리라 요 15:7

'무엇이든지'라는 말은 '모든 것'이라는 말이다. 우리의 간구를 크고 작은 것, 사소하고 중요한 것으로 구분하여 말하지 않는다. 그러한 사고방식은 우리의 합리적인 생각에서 비롯되는 것이지 결코 성경적인 것이 아니다. 또한 우리가 하나님 앞에서 자유롭게 기도하는 데 아주 큰 방해물이기도 하다.

기도, 하나님과의 대화

기도는 하나님과의 대화다. 대화에는 중요한 상담이나 회의 같은 것도 포함되지만 일상생활 속에서의 대화가 더 많고 또 우리와 가깝다. 회사에서 중요한 내용을 결정할 때도 있지만 생활을 통해 작은 선택을 할 일들이 더 많다.

횡단보도 신호등이 깜빡이고 있을 때 '건널까 말까'라는 문제로 순간 고민하기도 하고, 중국 음식 먹을 때 '짜장면이냐 짬

뽕이냐'를 놓고 고민한다. 어떤 사람들은 짜장면을 먹으라는 기도 응답을 받았는데 짬뽕을 먹었다면 돌을 씹었을 수도 있고 국물을 쏟을 수도 있지 않느냐고 말하기도 한다. 또 이 길로 가라는 응답을 받고 갔더니 차도 안 막히고 안전하게 갈 수 있었는데, 만약에 저 길로 갔다면 차가 막히거나 사고가 났을 수도 있었을 것이라고 말하는 이도 있다.

그 말이 틀린 것은 아니다. 사실 그럴 수도 있다. 하지만 일상생활 속에서 모든 일에 기도를 하자는 것은 어떠한 손익을 계산한 행동을 바라는 것이 아니다. 중요한 것은 매 순간 하나님을 인식하고 살아가는 우리의 삶의 태도다. 그래서 성경은 우리에게 "쉬지 말고 기도하라"(살전 5:17)고 말한다.

쉬지 말고 기도하라고 해서 하루 종일 24시간 내내 기도만 하라는 의미는 물론 아니다. 하루를 살아가면서 그분과 동행하는 가운데 늘 그분을 생각하고 의식하며 살라는 의미다. 그러다 보면 어떤 행동을 해야 할지 말아야 할지, 이 말을 해야 할지 말아야 할지 한 번 더 생각해 보고 행동할 수 있다. 그것만으로도 우리는 살면서 많은 실수를 줄일 수 있다. 실수가 없으신 그분이 우리에게도 실수하지 않도록 도우시기 때문이다.

삶 속에서 큰 일이나 작은 일이나 중요한 일이나 사소한 일이나 모두 기도한다는 건 기도의 행위 그 자체만으로도 중요한 의미를 가진다.

시간에 관한 5가지 착각 3

1 새롭게 시작하기에는 늦었다는 착각

이젠 끝이야, 너무 늦었어

소녀시대, 아이유, 에이핑크, 여자친구, AOA, EXID, 트와이스, 씨스타, 엑소, 빅뱅, 방탄소년단, 샤이니, 인피니트….

요즘 텔레비전을 보면 아이돌 그룹, 걸 그룹이 대부분의 방송 프로그램을 장악하다시피 하고 있다. 음악은 물론이고 예능 프로그램과 드라마, 영화에 이르기까지 다양한 영역에서 활발한 활동을 펼치고 있다. 각 그룹의 멤버들은 초등학생 때부터 연습생으로 들어가 학업보다는 춤과 노래 연습으로 하루를 보내며 가수로서의 자질을 갖춰 나간다. 그리고 고등학생 무렵이면 방송에 데뷔한다. 그렇게 톱스타가 된 일부 가수들의 성공이야기는 또래는 물론이고 어린 학생들로 하여금 연예인으로 기필코 성공하고야 말겠다는 의지를 불태우게 해준다.

이렇게 고생 끝에 무대에 오르고 아이돌 가수로서 이름이 알려지기 시작하면 그들의 삶은 순식간에 달라진다. 일거수일투족이 사진과 함께 포털사이트에 오르내리고 수시로 해외에 드나들게 된다. 공항에서 입는 패션 하나하나가 화제가 되기도 한다. 물론 SNS에 올린 말 한 마디, 사진 한 장이 문제가 되어 순식간에 나락으로 떨어지는 경우도 있다.

하지만 이렇게 화려한 생활을 할 수 있는 건 3~4년, 길어야 5~7년 정도다. 그나마도 인기 있는 아이돌 그룹에 해당하는 이야기다. 방송에 나오는 아이돌 그룹들보다 훨씬 많은 가수 지망생들이 수년 동안 연습생 생활만 하다가 데뷔도 못해 보고 포기하는 경우도 있다. 인기 그룹의 경우에도 노래를 아주 잘하거나 연기자 등으로 전환해서 성공하는 경우도 있지만 그렇지 못한 멤버들은 소리소문 없이 사람들의 기억 속에서 잊혀지게 마련이다. 마약에 빠지거나 사업 실패 등으로 인해 경찰서를 들락거리는 일들도 비일비재하다. 불미스러운 일에 연루되거나 심지어 자살로 생을 마감하는 경우도 종종 일어난다. 그나마 빨리 정신을 차리고 사업을 시작하거나 결혼을 하는 이들도 있다.

얼마 전에 〈세바퀴〉라는 프로그램을 볼 때였다. 1990년대 초에 큰 인기를 모았던 '잼'이라는 그룹의 리더였던 조진수 씨가 나와서 자신이 연예계를 은퇴한 후 미용사가 되기까지의 파란만장한 이야기를 들려주었다. 눈물을 보이며 지난 과거의 시간들을 이야기하는 모습을 보니 참 많은 생각을 하게 되었다.

어린 나이에 큰 인기를 얻고 엄청난 부를 누리면서 생에 최고의 시간을 보내던 그는 돌연 그룹 해체라는 상황을 맞게 되었다. 데뷔 8개월 만의 일이었다. 그리고 많은 시간을 방황하다가 형의 권유로 헤어디자이너의 길을 걷게 되었다. 그는 너무 이른 나이에 큰 돈을 만지자 돈에 대한 개념이 희미해졌다고 고백한다. 나중에 헤어디자이너가 된 후, 행사 한 번 나가서 받는 돈을 몇 달을 고생해야 벌 수 있다는 생각에 참담한 마음이 들기도 했다고 한다.

어린 나이에 돈과 명예, 인기의 맛에 빠져 버린 아이돌 그룹 멤버의 한 단면을 보는 것 같아 씁쓸한 마음이 들었다.

너무 늦은 시작이란 없다

남들보다 앞서간다는 것은 좋은 일이다. 그만큼 더 빨리, 더 많이 부와 명예를 누릴 수 있기 때문이다. 앞에서 언급한 아이돌 그룹은 물론, 일부 예능 프로그램을 보면 초등학교에 입학하지도 않은 어린아이들이 방송에 나와 노래를 부르고 춤을 추는데 그 실력이 대단하다. 프로처럼 악기를 다루거나 외줄을 타기도 하고 창을 부르는 모습 또한 어른 뺨칠 정도다. 그렇게 방송에 나오고부터는 유명세를 타고 전국을 다니며 공연을 하기도 한다.

하지만 그 반대되는 경우도 많다. 남들보다 늦은 나이에 자신의 목표나 새로운 영역에 도전하여 성공을 이루는 사람들도 주변에는 얼마든지 있다. 그동안 책이나 방송 등을 통해 셀 수 없을 정도로 많은 사례들이 소개되기도 했다.

❶ 철밥통을 내려놓고 청소기를 들다

자신의 이름을 걸고 '한경희생활과학'이라는 회사를 설립하여 창업 10여 년 만에 세계적인 기업으로 성장시킨 여성 CEO 한경희. 그녀는 많은 사람들이 선망하는 '철밥통' 공무원 생활을 하다가 36세라는 나이에 퇴사를 했다. 그러고는 주변의 모든 사람들이 말렸던 스팀청소기 사업에 뛰어들었다. 그리고 우여곡절 끝에 마침내 '성공'을 거머쥐었다.

조금 늦은 나이에 시작한 사업이기에 두려움과 걱정도 있었겠지만 그녀는 개의치 않았다. '너무 늦은 나이란 없다'는 생각으로 자신이 원하는 일, 그렇게도 바라던 꿈을 이룬 것이다. 물론 그런 결정을 하기까지 얼마나 많은 어려움이 있었을지, 길바닥에 주저앉아 지난 시간을 후회한 적도 얼마나 많았을지 짐작하고도 남는다.

❷ 1,008전 1,009기로 이뤄 낸 할아버지의 성공

수염이 덥수룩한 흰색 양복을 입은 할아버지가 기분 좋게 맞아 주는 켄터키 프라이드 치킨(KFC). 전 세계 80여 나라에 13,000점이 넘는 가맹점을 가지고 있는 세계 최고의 프랜차이즈 가운데 하나다. 창업자인 커넬 샌더스는 66세 때 창업을 하여 KFC를 세계적인 기업으로 일구어 냈다.

그는 젊은 시절부터 보험, 타이어 영업, 철도회사원과 변호사에 이르기까지 다양한 직업을 경험했다. 그리고 마지막으로 작은 식당을 차려 운영했지만 실패하고 말았다. 그가 66세 때 파산하고 주머니에 남은 돈은 105불이 전부였다. 이쯤 되면 대부분의 사람들은 알코올중독자나 노숙자가 되거나 심지어 자살을 생각할지도 모르겠다.

그러나 그는 달랐다. 더 많은 노력을 기울인 것이다. 그는 미국 전역을 누비며 무려 1,008개나 되는 식당을 찾아가 자신만의 비법이 담긴 치킨을 홍보하기 시작했다. 하지만 모두 거절을 당하다가 마침내 1,009번째 식당에서 첫 계약이 성사되었다. 그 이후로 승승장구하여 오늘날의 KFC로 자리를 잡게 된 것이다. 이 일을 백발의 노인이 해낸 것이다.

인생, 서두를 필요 없다

지난 설날에 온 가족이 모여서 저녁 식사를 마치고 도란도란 이야기꽃을 피우는 가운데, 나는 얼마 전 호주에 워킹홀리데이를 다녀온 조카의 소식이 궁금하여 물어보았다. 이야기를 들어 보니 요즘엔 연극영화과에 진학하기 위해 연기 공부를 하고 있단다. 그러면서 하는 말이 이랬다.

"친구들은 벌써 대학교 3학년인데 전 이제 학교에 들어가려고 생각하니 사실 막막해요. 친구들에 비해 3년이나 뒤처졌잖아요. 따라잡기엔 너무 늦었어요."

이제 스물한 살인데 벌써 자신의 꿈을 포기하려는 마음을 가진 것 같아 안타까운 마음에 한 시간을 붙잡고 대화했다. 지금이라도 원하는 일을 찾아서 그 일에 매진한다면 오히려 다른 친구들보다 더 빠른 길을 가는 거라고 이야기해 주었다. 다행히 조카는 미소를 지으며 고맙다고 하면서 자리에서 일어났다. 20대 초반의 여자이니만큼 당연히 주변 사람들과 비교를 많이 하게 될 것이다. 하지만 결코 늦지 않았음을, 아직 충분한 시간이 남아 있음을 깨닫고 다시 일어나 꼭 자신이 이루고자 하는 꿈을 이루었으면 하는 바람이다.

주변을 둘러 보면 "난 너무 늦었어"라고 말하는 사람들을 자주 보게 된다. 지레 겁을 먹고 포기하거나 아예 시작할 엄두도 못 내는 것이다. 여건도 안 되고 마음의 여유도 없다고 말이다. 그렇게 많은 사람들이 자신의 꿈을 꿈으로만 간직한 채 살아간다.

국내 최대의 자동차 회사에서 엔지니어로 20년을 넘게 근무한 친구가 있다. 이 친구는 자동차 회사를 다니면서 마음속에 자동차디자이너가 되고 싶은 꿈이 생겼다. 그래서 미국 쪽의 학교도 알아보고 가능성을 타진해 보는 등 많은 노력을 기울였다. 하지만 지금은 결국 회사에 충성하고 있다. 가족들이 있는데 이제 와서 자기 자신의 꿈을 위해 할 수 있는 것이 무엇이겠느냐는 것이었다. 상황도 되지 않고 이제는 나이도 어느덧 40대 후반에 접어들었으니 불가능하다는 것이었다. 비단 그 친구의 이야기만은 아니라 이 시대를 살아가는 40대 아빠들의 공통적인 한숨이자 아쉬움일 것이다.

예수님도, 모세도

그러나 성경을 보면 늦은 나이에 자신의 족적을 남긴 사람들의 이야기가 자주 등장한다. 아브라함이 하나님의 부르심을 받은 때는 그의 나이 75세였고 이삭을 얻은 것이 그로부터 25년이 지난 100세 때였다. 모세가 이스라엘 백성을 이끌고 출애굽 할 당시의 나이는 80세였다. 그가 120세까지 살았다는 사실을 감안하더라도 결코 적은 나이가 아니었다. 바울이 다메섹 도상에서 예수님을 만나고 예루살렘을 방문한 것이 30세 전후부터다. 1차 전도여행은 40대 중반에, 2차 전도여행은 40대 후반에 한 것으로 보고 있다.

예수님을 보면 그분의 사역이 평생에 걸쳐 있었던 것이 아니라 십자가에 달리시기 전 2년, 그 가운데에서도 특히 마지막

2주간에 집중되어 있는 것을 알 수 있다. 어린 시절의 한두 사건 외에 그 사이의 기록은 거의 없다. 그분은 사역을 생애 마지막 순간에 '다 이루셨다'. 이처럼 성경의 많은 인물들이 오랜 시간 인내하며 기다린 가운데 늦은 나이에 그 사역을 이뤄 갔다.

그런데 현대를 살아가는 우리들은 모두 조급증에 걸려 있다. 몇 년 전만 해도 인터넷 속도로 경쟁을 하더니 이제는 스마트폰이 얼마나 빠른지 텔레비전 속에서 날마다 싸워 댄다. 한국 부모들의 조급증은 자녀들에게 그대로 전해진다. 그 대표적인 예가 바로 선행학습이다. 전 세계에서 그 유래를 찾아 볼 수 없는 학습 형태다.

한참 뛰어놀고 자연과 호흡해야 할 아이들이 어려서부터 이 학원에서 저 학원으로 끌려다니고 집에서는 컴퓨터 앞에 앉아 인터넷 강의를 듣고 숙제를 하느라 11시가 넘어서 잠자리에 드는 불쌍한 삶을 살아가는 것이다. 선행학습으로 다음 학년의 교과과정을 미리 다 배우고 정작 학교에 가서는 시간을 허비해야 하는 것이 오늘날 한국 교육의 현실이다. 무엇이 그리도 급한 걸까? 모든 일에는 다 때가 있기 마련인데 말이다.

범사에 기한이 있고 천하 만사가 다 때가 있나니 전 3:1

모든 일에는 주어진 기한이 있고 때가 있다. 그 때가 이를 그 순간까지 우리는 인내하며 기다려야 한다. 그것이 바로 성경에서 말하는, 복을 받고 번성케 되는 길이다. 이것은 하나님이 아브라함에게 약속하신 말씀이다.

하나님이 아브라함에게 약속하실 때에 가리켜 맹세할 자가 자기보다 더 큰 이가 없으므로 자기를 가리켜 맹세하여 이르시되 내가 반드시 너에게 복 주고 복 주며 너를 번성하게 하고 번성하게 하리라 하셨더니 그가 이같이 오래 참아 약속을 받았느니라 히 6: 13-15

인생, 속도가 아니라 방향이다

지난겨울, 지인들과 얼음낚시를 다녀왔다. 송어를 잡아 회도 먹고 매운탕도 끓여 먹으며 즐거운 시간을 보냈다. 모든 일정을 마치고 가평에서 인천에 있는 사무실까지 가기로 했다. 동행한 지인이 자기가 길을 알려줄 테니 그 길로 가라고 했다. 난 미리 지도를 보기는 했지만 초행길이라 그분이 안내해 주는 대로 가기로 했다.

그런데 내가 알고 있던 길이 아닌 다른 길로 안내하는 것이 아닌가? 하지만 그분이 길을 잘 안다고 했고 차도 안 막히고 있었기에 그냥 갔다. 그런데 가면 갈수록 왠지 모를 불안감이 엄습했다. 아니나 다를까, 길을 잘못 들었던 것이다. 피곤해서 빨리 가기 위해 나는 속도를 내던 중이었다. 그러나 속도가 올라가면 갈수록 목적지로부터 더 멀어졌다. 결국 한 시간이면 갈 거리를 두 시간 삼십 분 만에 도착했다.

괴테는 '인생은 속도가 아니라 방향이다'라고 했다. 빨리 가는 것이 중요한 것이 아니라 어느 방향으로 가느냐가 더 중요하다. 조금 느리더라도 제대로 된 방향으로 가야 한다. 아무리 빨리 간다 해도 방향을 잘못 잡으면 빨리 갈수록 오히려 문제는 더 커지게 마련이다.

서두를 필요 없다. 빠르다고 빠른 것이 아니고 느리다고 늦은 것이 아니다. 빠른 것이 오히려 발목을 잡을 수도 있고 늦은 것이 오히려 더 빠르고 확실한 길일 수 있다. 빨리 가는 것보다 의미 있고 가치 있는 정확한 방향을 설정하고 달려 나가는 것이 필요하다.

지금이라도 괜찮다. 여기까지 힘껏 액셀러레이터를 밟았으나 그 길이 아니라고 생각된다면 이제라도 바로 유턴해야 한다. 가면 갈수록 돌아오기는 더욱 어려워진다. 아직 출발조차 하지 못했다고 해도 한숨 쉴 것도 없다. 지금이라도 시작하면 내일은 이미 하루라는 시간만큼을 해낸 것이기 때문이다. 늦은 것은 아무것도 없다. 바로 '지금'이 가장 빠른 순간이다. 늦었다고 생각하는 건, 나이가 많아서 할 수 있는 것이 없다고 생각하는 건 1분 1초라도 빨리 버려야 할 착각이다.

나중에 하지 뭐

생각이 곧 행동이라는 착각

"나도 마크 트웨인이 쓴 수많은 이야기들을 알고 있다. 그가 한 일이라곤 단지 그것을 노트에 옮겨 적은 것뿐이다."

《허클베리 핀의 모험》을 쓴 마크 트웨인(Mark Twain)이 작가로서 명성을 날리기 시작하자 그의 친한 친구가 한 말이다. 그의 말을 근거로 본다면 그는 마크 트웨인이 책으로 쓴 내용들에 대해서 많이 알고 있었던 것 같다. 그의 말대로 두 사람의 차이는 그 수많은 이야기들을 노트에 옮겨 적었느냐 아니냐 하는 것뿐이다.

그러나 그 작은 차이로 인해 우리는 마크 트웨인을 '미국 현대문학의 효시'로 기억하고 있지만 그의 친구가 누구인지 아는 사람은 없다. 행동하는 것과 단지 머리로 생각만 하는 것의 차이는 상상할 수 없을 만큼 크다. 그런데 대다수의 사람들이 생각만 하면서 마치 자신이 행동한 것처럼 큰 착각을 하면서 살아간다.

삶의 엔터 키를 눌러라

엔터(Enter) 키는 컴퓨터에서 어떤 프로그램을 실행하고자 할 때 가장 기본적으로 사용되는 키다. 마이크로소프트 윈도우즈(Microsoft Windows) 운영체제에서는 대부분 마우스가 그 역할을 대신하지만 여전히 엔터 키의 역할은 중요하다. 윈도우 이전의 도스(DOS) 환경에서는 프로그램을 실행하고자 할 때 없어서는 안 될 중요한 키였다. 아무리 중요한 명령을 키보드로 입력한다 해도 이 엔터 키를 누르지 않으면 아무것도 실행할 수가 없기 때문이다.

　엔터 키와 마찬가지로 우리는 행동하지 않으면 아무것도 이룰 수 없다. 원하는 것을 얻을 수도 없다. 아무리 좋은 생각이나 아이디어가 있다 하더라도 행동으로 구체화되지 않으면 그것은 아무런 의미가 없는 것이다. 이 세상에 위대하고 좋은 생각을 하는 사람들은 많다. 그러나 그것을 행동으로 옮기는 사람들은 많지 않다. 행동으로 옮기기만 하면 대박이 나거나 크게 성공할 수도 있는데 생각으로만 머무는 경우가 대부분이다. 몇 년 전, 내게는 실제로 그런 일이 있었다.

　요즘 인터넷 쇼핑을 할 때 소셜커머스를 빼놓을 수 없다. 티켓몬스터(ticketmonster.co.kr), 위메프(wemakeprice.com), 쿠팡(coupang.com) 등을 비롯해 여러 업체들이 다양한 반값 제품들을 내놓고 있다. 이들 사이트를 통해 수년 전 소셜커머스에 재미를 붙이기 시작했을 때, '이 제품들을 하나의 웹사이트에 모아 놓고 한꺼번에 볼 수 있으면 편할 텐데'라고 생각했다. 하지만 '에이, 뭐 그런 게 필요하겠어?', '과연 성공할 수 있을까?', '괜히 손댔다가 망하면 어떡하지?' 등등 이런저런 걱정과 핑계들이 머릿속을 맴돌면서 그냥 흐지부지 넘어가고 말았다.

　그런데 이러한 생각을 행동으로 옮겨 성공한 사람이 있다. 바로 소셜커머스 모음 사이트 '다원데이'(지금은 '쿠차'와 합병)의 창업자 윤다원 씨가 그 주인공이다. 그녀는 평범한 주부였으나 이 사이트를 개설한 후 10개월이 채 안 되어 기업 가치가 10억 원 이상으로 평가 받는 사업체의 CEO가 되었다. 웹기획

자 출신인 그녀는 소셜커머스가 막 태동할 무렵 앞으로 이 분야가 크게 성공할 것으로 판단하고 자신의 생각을 행동으로 옮긴 것이다. 내가 가지고 있던 생각을 그때 행동으로 옮겼다면 지금쯤 나는 어떻게 되었을까?

신문이나 뉴스에서 누군가가 독특한 사업을 해서 성공했다는 기사를 접하면 '저거 내가 옛날에 다 생각했던 건데' 하면서 아쉬워하거나 자랑을 하는 사람들이 종종 있다. 성공한 사람과 아쉬워하는 사람, 이 두 사람은 같은 생각을 했지만 한 사람은 행동했고 나머지 한 사람은 행동하지 않았다. 그러나 그 결과의 차이는 상상할 수 없을 만큼 크다. 인생의 성패가 바로 여기에 달려 있다.

이처럼 생각을 행동으로 옮기는 것은 매우 중요하다. 생각을 행동으로 옮길 때에는 두 가지 방법을 사용할 수 있다. 하나는 몸으로 행동하는 것이고 또 하나는 말로 표현하는 것이다.

❶ 몸으로 행동하라

장애인이나 몸이 아파서 병원에 오랜 시간 누워 있는 환자들에게 욕창(褥瘡)이 생기는 경우가 있다. 욕창은 "우리 몸의 어느 부위든 지속적인 또는 반복적인 압박이 주로 뼈의 돌출부에 가해짐으로써 혈액순환이 잘 안 되어 조직이 죽어 발생한 궤양(염증이나 괴사로 인해 그 조직 표면이 국소적으로 결손되거나 함몰된 것)"을 말한다.• 우리 몸은 움직일 때 정상적으로 활동하는데 이처럼 움직이지 않고 멈추어 있으면 여러 가지 문제가 생기기 마련이다.

그 대표적인 예가 바로 직장인들이다. 요즘 사무실 의자에 앉아서 오랜 시간 컴퓨터 모니터를 보며 일하는 사람들은 거북이목증후군이라든지, 근막통증증후근, 안구건조증 등 크고 작은 갖가지 질병들로 고생하고 있다. 이에 대해 전문가들은 한 시간 단위로 의자에서 일어나 스트레칭 등으로 몸을 풀어 주어야 한다고 충고한다. 먼 곳을 바라보며 눈도 쉬어야 한다고 말한다. 안 그러면 우리 몸엔 이상이 생기게 된다는 것이다. 이렇듯 움직이지 않으면 우리 몸은 망가지고 만다. 우리의 몸은 움직일 때 정상적으로 활동하고 건강해진다.

미국의 저명한 기업가이자 투자가인 로스 페로(Henry Ross Perot)가 IBM의 최고영업자였을 때 이야기다. 어느 날 그의 머릿속에 새로운 아이디어가 떠올랐다. 그 아이디어의 핵심은 컴퓨터 판매가 늘어날수록 그것을 유지·보수하고 관리하는 서비스가 필요할 것이라는 생각이었다. 그래서 그는 회사에 컴퓨터 유지·보수 서비스를 시작하자고 제안했으나 거절당했다. 그는 결국 회사를 그만두고 아내와 함께 EDS(Electronic Data Systems)라는 회사를 설립했다. 그리고 이 회사를 세계 최대 정보통신회사로 성장시켰다. 그는 IBM에서 자신의 제안이 거절되었을 때 그냥 포기하거나 머물러 있지 않고 자신의 생각을 행동으로 옮겼으며 마침내 성공했다. 이에 대해 그는 이런 말

• 네이버 의학정보.

을 남겼다.

"행동할수록 기회와 만날 확률은 높아진다."

그렇다. 행동할수록 기회와 만날 확률은 높아진다. 바꿔 말해, 행동하지 않으면 기회를 만날 확률 자체를 기대할 수 없다. 대학 입학을 앞둔 학생이 수능 점수를 아무리 잘 받았다고 해도 자신이 원하는 학교에 지원하지 않으면 그 수능 점수는 아무 소용이 없다. 영어 실력이 뛰어나고 스펙이 대단한 사람이라 하더라도 회사에 지원을 하지 않으면 누가 채용을 하겠는가? 또 영업을 하는 사람들은 발로 뛰며 많은 사람들을 만나야 한다. 수십·수백 명을 만나야 한 건의 계약이 이루어질 수도 있다. 그러나 움직이지 않으면, 행동하지 않으면 그 한 건조차도 성사시킬 수 없다. 움직이며 행동하는 자만이 성공과 승리를 쟁취할 수 있다. 이 공식은 우리 그리스도인들에게도 그대로 적용된다.

> 내 형제들아 만일 사람이 믿음이 있노라 하고 행함이 없으면 무슨 유익이 있으리요 그 믿음이 능히 자기를 구원하겠느냐 약 2:14

스스로 믿음이 있다고 아무리 말해 봐야 행함이 없으면 아무 유익이 없다. 믿음은 마음으로 받아들이는 것이 필요하지만 그것을 행동으로 표현하고 드러내는 것이 더 중요하다. 성경에서는 행함이 없는 믿음은 죽은 믿음이라고 말한다.

> 영혼 없는 몸이 죽은 것 같이 행함이 없는 믿음은 죽은 것이니라
> 약 2:26

야고보서의 이 말씀은 믿음을 우리 몸에 비유하면서 영혼이 없는 몸이 죽은 것같이 행함이 없는 믿음은 죽은 믿음이라 말한다. 죽었다는 것은 생명이 없다는 말이다. 생명체는 죽고 나면 움직임이 없어진다. 마네킹이나 밀랍 인형이 아무리 정교하게 만들어졌다 하더라도 그것은 생명이 없는 가짜다. 이렇듯 행함이 없는 믿음은 죽은 믿음, 거짓 믿음이다.

예배를 통해, 묵상을 통해 말씀을 듣고 그 깨달음대로 삶 속에서 행하는 것이 그리스도 안에서 새생명을 부여 받은 자들의 본분이다. 그것이 진짜 믿음이다. 거듭나서 새로운 생명을 받았다고 하는 자들에게 행동하는 신앙이 없다면 그것은 가짜 믿음이고 죽은 믿음이다. 우리는 새생명을 받은 자들답게 행동하는 믿음이 있어야 한다. 우리에게 주어진 말씀을 따라 순종하며 행할 때 그에 대한 축복도 누리게 된다.

> 자유롭게 하는 온전한 율법을 들여다보고 있는 자는 듣고 잊어버리는 자가 아니요 실천하는 자니 이 사람은 그 행하는 일에 복을 받으리라 약 1:25

행하는 믿음이라는 것은 그저 "주여, 주여" 하고 외치는 것을 말하는 것이 아니다. 성경에서 명한 대로 세상으로 나가 그

분의 말씀 따라 행하는 것이다. 행하지 않을 때 주님은 책망하신다.

> 너희는 나를 불러 주여 주여 하면서도 어찌하여 나의 말하는 것을 행치 아니하느냐 눅 6:46

야고보서는 우리가 행할 바를 들으면서도 행하지 않는 것은 자신을 속이는 것이라고 말씀한다.

> 너희는 말씀을 행하는 자가 되고 듣기만 하여 자신을 속이는 자가 되지 말라 약 1:22

많은 사람들이 "괜찮아. 나는 지금 특별한 상황에 있으니까 어쩔 수 없어"라며 자기 스스로를 속인다. "이건 내 잘못이 아니라 상대방이 잘못한 거니까 나에게는 아무런 책임도 없어"라면서 남의 탓을 한다. 자신의 마음을 그 누구보다 가장 잘 알면서도 스스로를 속인다는 것은 모순이 아닐 수 없다. 결국 행동하지 않는 믿음은 그 어떤 이유로도 정당화될 수 없으며 피할 구석이 없다. 내 안에 믿음이 있노라 자신 있게 말할 수 있다면 그는 이미 행동하고 있는 사람이다. 행동하지 않으면서 '믿음이 있다'고 말한다면 그것은 큰 착각이다. 믿음이란 행동으로 드러나기 때문이다.

❷ 말로 표현하라

몸으로 행동하고 움직이는 것 못지 않게 입술로 행하는 것도 중요하다. 입술로 행한다는 것은 곧 말로 표현하는 것이다. 우리나라 사람들은 감정과 마음을 말로 표현하는 데 약하다. 특히 칭찬이나 사랑 표현에 참 인색하다. 심지어 부부간에도 '사랑한다'는 말을 듣기가 상당히 어렵다. 요즘 젊은 세대야 길거리에서 키스하고 포옹하는 등 스킨십이 많이 일반화되긴 했지만 30~40대만 해도 감정 표현에 익숙하지 못한 것 같다. 그들이 표현을 잘 하지 않는 것에 대한 핑계는 한결같다. '서로 마음으로 다 아는데 굳이 입으로 말해야 하느냐'는 것이다.

아니다. 결단코 아니다. 마음만 있어서는 의미가 없다. 입으로 표현할 때 진정한 사랑이 된다. 자기 계발 연구가들은 공통적으로 자신의 생각을 말로 표현하는 것에 대한 중요성을 자주 강조한다. 생각을 말로 표현할 때 그 모든 것이 현실로 이루어진다는 것이다. "나는 할 수 있어!", "나는 자신 있어!"라는 등의 말을 되뇌며 반복하면 정말 우리 안에 그 에너지가 생성이 되고 실제로 하는 일에 영향을 미친다는 것이다. 그들의 모든 주장들을 곧이곧대로 받아들이기엔 신앙적인 측면에서 무리가 있지만 공감이 가는 부분은 있다.

그리스도인이라면 소리 내어 '아멘'으로 표현하는 것이 신앙 성장에 큰 도움이 된다. 그래서 많은 목회자들이 설교 중간에 "믿으시면 아멘 하시기 바랍니다"라고 말하곤 한다. 습관적으로 하는 경우도 있지만 성도들이 별 반응이 없으면 의도적으로 할 때도 있다. '아멘'은 주의 말씀이 그대로 이루어진다는 믿음의 표현이다. 설교를 들을 때 설교자를 통해 전달되는 하나님의 음성에 대한 나의 반응이다. 설교자의 선포가 그대로 이루어지고 내게도 동일하게 임할 것을 믿는다는 표현이다. 그래서 우리는 설교를 듣거나 찬양을 할 때 아멘을 하는 것이다.

그런데 많은 사람들이 아멘에 대해 거부감을 가지고 있다. 마치 아멘을 하면 큰일이라도 날 것처럼 입을 꼭 다물고 있으면서 일부러 하지 않는 사람들도 있다. 그런 사람들이 자주 하는 말이 있다.

"아멘이야 속으로 하면 되지 꼭 입으로 소리를 내서 해야 하나요. 그렇게 하지 않아도 하나님은 다 들으시지 않나요?"

물론 틀린 말은 아니다. 그러나 하나님은 인격적인 분이시다. 우리의 아버지 되시는 그분은 우리와 친밀하게 대화를 하고 싶어 하신다. 그분은 우리에게 계속해서 말씀하시는데 우리가 아무런 반응도 보이지 않는다면, 속으로만 '아멘' 하고 만다면 대화가 계속 이루어질 수 있겠는가? 만약에 자녀나 동생이 내가 묻는 말에 아무 대답이 없거나 전혀 반응이 없다면 기분이 어떻겠는가? 더 이상 말을 하기 싫어지는 것은 물론이거니와 좋은 것을 주고자 했던 마음까지도 사라질지 모르는 일이다. 주의 백성들이 하나님의 약속에 "아멘"으로 반응해야 하는 것은 성경에서도 분명하게 언급한다.

하나님의 약속은 얼마든지 그리스도 안에서 예가 되니 그런즉 그

로 말미암아 우리가 아멘 하여 하나님께 영광을 돌리게 되느니라
고후1:20

우리가 아멘 하는 것은 그저 '믿습니다'의 차원을 넘어서 하나님께 영광을 돌리는 것이다. 그래서 그분이 우리에게 말씀하실 때 우리는 반응을 보여야 한다. 그 가장 좋은 방법이 바로 아멘이다. 설교는 목사가 하지만 그 입을 통해 메시지를 전해 주시는 분은 하나님이시다. 우리가 아멘 하는 것은 강대상에 서 있는 한 목회자를 향하여 약속을 하고 반응을 보여 주는 것이 아니다. "네, 맞습니다 주님. 그렇게 될 줄 믿고 순종하겠습니다"라는, 하나님 앞에서의 신앙 고백이다.

지금 바로, 그 자리에서

영화나 드라마를 보면 중요한 파일을 전송하거나 삭제하기 전에 엔터 키를 누를까 말까 망설이는 장면이 클로즈업 되어 나오는 경우가 있다. 그 순간의 선택이 기업의 운명을 가를 수도 있고 사람의 생명이 왔다 갔다 할 수 있기 때문이다.

우리의 인생에서도 엔터 키를 누르지 않으면 아무것도 기대할 수 없다. 물론 그것이 성공을 보장하지는 않는다. 하지만 적어도 성공에 대한 기회를 만들 수 있다는 것만큼은 확실하다. 그리고 그 시간이 반복될수록 성공에 대한 기대치는 더욱 높아질 수 있다. 몸을 움직여 직접 행동을 하건, 입술을 열어 말로 표현하건 일단 행동하고 움직여야 한다. 그에 따라 당신은

마크 트웨인처럼 위대한 인물이 될 수도 있고 그의 친구처럼 불만만 늘어놓는 사람이 될 수도 있다.

시몬과 그 형제 안드레는 예수님의 부르심에 자신의 유일한 생계 수단인 그물을 곧바로 버려 두고 주님을 따랐다(막 1:18). 아무 핑계도 이유도 대지 않았다. 집에 가서 부모님께 인사라도 하고 올 테니 조금만 기다려 달라고도 하지 않았다. 장소가 누추하니 집으로 가서 좀더 구체적인 이야기를 나누자고 하지도 않았다. 그냥 아무 조건이나 이유도 없이 '곧' 그물을 버려 두고 따랐다. 그것이 바로 행동하는 그리스도인의 모습이다. 아직도 머뭇거리고 있다면, 생각 좀 해보고 결정하겠다고 한다면 이미 늦은 것이다. 생각만으로는 아무것도 이룰 수 없다. 하나님께서 깨달음을 주셨다면 묻지도 따지지도 말고, 어디 가지도 말고 지금 바로 당신이 머문 그 자리에서 엔터 키를 눌러야 한다.

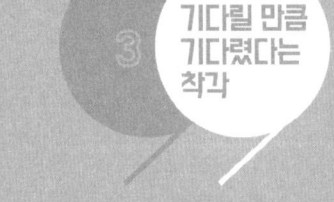

난 더 이상 못 기다려!

3 기다릴 만큼 기다렸다는 착각

얼마 전 아침에 전철을 타고 강의를 하러 가는 길이었다. 목적지에 도착할 무렵, 전철에서 내리려고 문 앞에 서 있는데 옆에 있던 한 젊은 여성이 스마트폰을 열심히 보고 있었다. 전철 문이 열리고 그 여성도 내렸는데 걸어 가면서도 눈을 떼지 못하고 계속 양손에 든 채로 보고 있었다. 나는 그녀가 도대체 뭘 보고 있기에 저렇게 눈을 떼지 못하고 걸어가면서까지 스마트폰을 보고 있나 궁금해졌다. 마침내 에스컬레이터를 타고 올라가다가 그 여성의 옆을 지나가게 되었다. 그러고는 슬쩍 그 여성이 스마트폰을 쳐다보았다. 스마트폰 화면에 펼쳐진 것은 다름 아닌 고스톱 게임이었다.

전철이나 버스를 타보면 드라마나 예능 프로그램을 보는 사람도 있고 게임을 하는 사람들도 있는데 그 가운데 많은 사람들이 고스톱 게임을 즐긴다. 그 바쁜 출근길에, 그 많은 사람들 속을, 그 역경을 열심히 헤쳐 나가면서까지 손에서 놓지 못하는 묘한 마성의 매력, 바로 고스톱이다.

이 고스톱은 인생의 삼라만상이 모두 들어 있는 우리 삶의 축소판이라고들 말한다. 쌌을 때의 그 절망과 좌절, 패를 뒤집어서 그걸 다시 가져올 때의 반전이 주는 짜릿함, 덤으로 따라오는 두 장의 피는 마치 부스러기의 은혜를 받는 느낌이다. 또 한두 마리의 '새'를 잡고 나서 나머지 한 마리를 찾기 위해 고군분투하는 삶의 군상들은 정말 이 각박한 현대 사회를 살아가는 우리의 모습 그 자체가 아닐 수 없다.

고스톱에서 가장 중요한 것 가운데 하나는 바로 그 이름처럼 언제 '고'(go) 하고 언제 '스톱'(stop) 하느냐 하는 것이다. 그 적절한 타이밍을 놓치면 한순간에 모든 것을 그르칠 수도 있다. 내고 있는 패를 언제 내고 내지 말아야 할지, 바로 그 타이밍이 승패를 가르게 된다. 우리 인생도 마찬가지다.

인생은 타이밍이다

인생의 모든 것에는 때가 있다고 한다. 말해야 할 때와 하지 말아야 할 때, 가야 할 때와 가지 말아야 할 때, 해야 할 때와 하지 말아야 할 때. 그 적절한 때를 잡지 못하면 낭패를 보는 경우가 많다. 특히 바쁘게 돌아가는 회사 업무에서는 이런 경우가 다반사. 그것이 직장에서의 성공을 좌우하는 경우도 많다.

시중에 나와 있는 많은 책들이 꿈을 생생하게 꾸고 바라면 그 꿈이 이루어진다고 말한다. 이에 대해 《무지개 원리》의 저자 차동엽 신부는 여기엔 반드시 '시간'이라는 변수가 들어간다고 했다. 꿈이 작으면 비교적 짧은 시간이 필요하고 그 꿈이 클수록 더 많은 시간이 필요하다는 것이다. 성공에는 시간이 반드시 필요하다는 말이다.

신앙생활은 더더욱 그렇다. 우리는 하나님의 자녀로서 그분의 뜻을 따라 살아가는 사람들이다. 그런데 여기서 우리가 잊지 말아야 할 것은 거기엔 반드시 하나님의 타이밍이 있다는 사실이다. 그리고 이 타이밍에 반드시 수반되는 건 바로 인내다. 하나님은 인내를 통해 그분의 뜻을 이루신다. 히브리서 10장은 하나님의 뜻을 행한 후에 약속하신 것을 받기 위해 필요한 것이 바로 인내라고 강조한다.

> 너희에게 인내가 필요함은 너희가 하나님의 뜻을 행한 후에 약속하신 것을 받기 위함이라 히 10:36

그런데 아이러니하게도 우리에게 가장 부족한 것이 또한 인내다. 그 이유는 하나님의 시간과 인간의 시간이 다르기 때문이다. 온 우주 만물과 빛과 어둠을 창조하신 하나님이 시간도 창조하셨다. 그 시간 안에 살아가는 지극히 작은 피조물인 우리 인간은 감히 시간을 창조하신 그분의 뜻을 헤아릴 수 없다. 그래서 그분의 시간을 이해하고 받아들이는 것이 쉬운 일은 아니다. 더군다나 그것이 재물이나 생명에 관련이 있는 일이라면 더 그렇다.

그런 상황을 아주 잘 보여 주는 성경 본문이 있다. 바로 요한복음 11장에 나오는 나사로에 관련된 이야기다. 이 부분은 다른 복음서에 기록되어 있지 않은 독특한 내용이기도 하다. 마르다와 마리아의 오빠인 나사로가 죽었다가 다시 살아나는 장면이 기록되어 있는 이 본문은 표면적으로는 죽었다가 살아난 나사로를 중심으로 이야기가 전개되고 있지만, 그리스도인들에게 '하나님의 시간'과 '인간의 시간'이 어떻게 다른지를 잘 보여 주고 있다.

하나님의 시간과 사람의 시간은 다르다

요한복음 11장은 나사로에 대한 설명으로 시작된다. 그는 병자였고 베다니에 살고 있었으며 향유를 주께 붓고 머리털로 주의 발을 닦던 마리아와 마르다의 오빠이기도 했다.

> 어떤 병자가 있으니 이는 마리아와 그 자매 마르다의 마을 베다니에 사는 나사로라 이 마리아는 향유를 주께 붓고 머리털로 주의 발을 닦던 자요 병든 나사로는 그의 오라버니더라 요 11:1-2

그런데 나사로가 병에 걸리자 그의 동생들이 예수님께 사람을 보내어 그 소식을 전했다. 3절과 5절을 보면 예수님께서 마르다와 마리아, 나사로를 사랑하셨다는 표현이 나오는가 하면, 누가복음 10장에서는 마르다가 예수님을 초청하고 마리아는 말씀을 듣는 이야기가 나오는 것으로 보아 이 남매는 예수님과 친분이 두터웠던 것으로 보인다. 그래서 예수님께 자신들의 오빠가 큰 병에 걸렸으니 와서 고쳐 주실 거라고 믿고 연락을 했을 것이다.

이 자매가 예수님께 사람을 보낸 것으로 보아 나사로는 병세가 심각한 상황이었던 것 같다. 그래서 다급한 마음에 예수님께 도움을 요청했다. 그런데 4절에서 예수님은 "이 병은 죽을 병이 아니라 하나님의 영광을 위함"이라고 이해할 수 없는 말씀을 하셨다. 여기까지는 그럴 수 있다고 치자. 이보다 더 이해할 수 없는 상황이 6절에 나온다.

> 나사로가 병들었다 함을 들으시고 그 계시던 곳에 이틀을 더 유하시고 요 11:6

그 소식을 듣고 바로 달려가도 시원치 않을 상황인데 주님은 계시던 곳에 이틀을 더 머무셨다. 보통 누군가가 위급한 상황이 되면 만사를 제쳐 놓고 달려가게 되어 있다. 3절과 5절에 주께서 그들을 사랑하셨다고 할 정도로 가까운 사이였다면 더더군다나 하던 일도 멈추고 당장 그들에게 달려가는 것이 일반적인 반응이다. 하지만 주님은 각별한 사이였던 그들의 요청을 뒤로한 채, 계시던 곳에서 이틀을 더 계셨다. 그리고 결국에는 나사로가 무덤에 보내진 지 나흘이나 지난 뒤에 그들을 찾아가셨다.

예수님이 도착하시자 마르다는 곧 나가 주님을 맞이했지만 마리아는 집에 앉아 있었다. 이 장면은 마르다가 예수님을 영접했던 상황을 연상시킨다. 마리아가 예수님이 오셨다는 소식을 듣고도 나가지 않았는지, 너무 슬퍼서 미처 소식을 듣지 못한 것인지 자세히 알 수는 없다. 하지만 분주한 마르다는 기다렸다는 듯이 예수님을 맞이하러 나갔고 만나자마자 불만 섞인 하소연을 늘어놓았다. 왜 이제 오셨느냐고, 좀 일찍 오셔서 여기에 계셨더라면 우리 오빠가 죽지 않았을 것 아니냐고 말이다. 32절에서는 마리아도 마르다와 똑같은 말을 하고 있다.

> 마리아가 예수 계신 곳에 가서 뵈옵고 그 발 앞에 엎드리어 이르

되 주께서 여기 계셨더라면 내 오라버니가 죽지 아니하였겠나이다 하더라요 11:32

우리는 주님께서 우리의 병을 고치시고 필요를 채워 주시는 그분의 능력을 믿는다고 말한다. 하지만 그런 우리의 믿음은 말로만 그치는 반쪽짜리일 때가 많다. 이 두 자매가 말한 "주께서 여기 계셨더라면"이라는 말을 보면 예수님이 병을 고치실 수 있는 분이라는 사실에 대해서는 확고한 믿음이 있었다. 하지만 자세히 보면 '주님이 그 자리에 계실 때에만 자신들의 오빠가 병 고침을 받았을 것'이라는 의미가 숨어 있다. 마르다와 마리아는 누가복음 7장에 나오는 백부장처럼 주님이 어디에 계시든지 상관없이 기적을 베푸실 분이라는 사실은 미처 몰랐던 것이다.

그러므로 내가 주께 나아가기도 감당하지 못할 줄을 알았나이다 말씀만 하사 내 하인을 낫게 하소서 눅 7:7

마르다와 마리아는 주님의 능력을 자신들의 좁은 생각으로 제한하고 있었다. 우리는 살면서 이런 실수를 얼마나 자주 범하는지 모른다. 아니, 실수라기보다 그런 생각들이 일상화되어 있다. 마르다와 마리아는 이미 오빠가 죽었으니 예수님이 너무 늦게 오셨다고, 그래서 모든 것이 끝났다고 포기했다. 왜 이제 오셨냐고 주님을 원망했다. 그래서 이제는 모든 것이 끝났으며 주님이 아무것도 하실 수 없다고 말이다. 하긴 가족이 죽어서 무덤에 묻혔는데 그 상황에서 무엇을 더 기대할 수 있을까?

인생에서 죽음은 끝을 의미한다. 더 이상 아무것도 바랄 수 없는 상황을 뜻한다. 그래서 사람들은 사는 게 힘들어지면 자살을 하기도 한다. 그러면 끝일 거라고, 모든 고통이 사라질 거라고 믿으면서 말이다. 하지만 그렇지 않다는 걸 우리는 잘 안다. 오히려 남은 사람들의 고통이 얼마나 큰지도 알고 있다.

인간의 삶은 죽음으로 끝나는 것이 아니다. 그건 우리의 착각일 뿐이다. 주님은 죽음을 초월하는 분이시다. 예수님은 죽음에서 살아나셨고 그의 백성을 살릴 수 있는 능력을 지니신 분이다. 그래서 나사로가 죽었다고 슬퍼하는 그들에게 그가 살아날 것이라 선포하셨다.

예수께서 이르시되 네 오라비가 다시 살아나리라 요 11:23

그리고 그분의 말씀대로 나사로는 다시 살아났다. 그것도 죽어서 무덤에 있었던 자가 말이다.

이 말씀을 하시고 큰 소리로 나사로야 나오라 부르시니 죽은 자가 수족을 베로 동인 채로 나오는데 그 얼굴은 수건에 싸였더라 예수께서 이르시되 풀어 놓아 다니게 하라 하시니라 요 11:43-44

이 얼마나 극적인 장면인가! 다시 살아난 나사로는 남들 앞에 서기 위해 멋지게 차려 입고 나온 것이 아니었다. 정말 죽었던 상황을 증명이라도 하듯, "수족을 베로 동인 채로" 나왔을 뿐만 아니라, 그 얼굴은 수건에 싸였다고 기록되어 있다. 그리고 예수님은 "풀어 놓아 다니게 하라"라고 말씀하셨다. 마치 죽음의 권세에서 해방되어 생명을 누리는 모습을 극적으로 보여 주는 듯하다.

하나님은 우리의 필요를 이미 다 알고 계신다. 우리에게 무엇이 필요한지, 우리가 지금 무엇 때문에 힘겨워하며 고통스러워하는지도 낱낱이 알고 계신다. 그렇기에 그분의 자녀 된 우리의 기도에 응답하신다. 다만 우리의 시간이 아닌 그분의 시간에 들어주신다.

그런데 우리는 그 때를 기다리지 못하고 조급해한다. 조급하다는 것은 믿지 못한다는 증거다. 믿는다면 조급할 이유가 없다. 다시 말해 그리스도인으로서 조급한 마음을 가지고 있다는 것은 곧 하나님을 믿지 못한다는 말과 같다. 의심했다는 말이다. 마르다와 마리아는 예수님의 사랑과 능력을 의심했다. 믿는다면 끝까지 기다려야 하는데 그러지 못했다. 그 누구보다도 주께서 사랑하시고 친밀했던 그들마저도 말이다.

하나님의 시간, 기다림

사실 마르다와 마리아의 반응은 지극히 정상적이라고 볼 수 있다. 사람이 죽어서 무덤에 있는데 그 상황에서 다시 살아 돌아오기를 바란다는 것은 어쩌면 억지스럽게 느껴질 수도 있다. 병원에서 사망선고를 받더라도 어떻게 해볼 수 있다고 우겨 보겠지만 무덤에 들어간 다음에야 더 이상 그럴 수도 없을 것이다.

워런 위어스비는 "기도하며 주님의 뜻을 기다리는 건 시간 낭비가 아니다. 그것은 오히려 시간 투자이다. 하나님은 자신의 목적이 성취될 수 있도록 당신과 처한 상황을 예비하신다. 하지만 믿음으로 행해야 할 시간이 임할 때에는 감히 지체해서는 안 된다"• 라며 기다림에 대해 강조했다.

아기들은 배가 고프면 바로 울음으로 신호를 보낸다. 그때 엄마가 바로 젖을 물려 주지 않으면 아이의 울음소리는 더 커져만 간다. 시도 때도 없이 밤이고 낮이고 새벽이고 묻지도 따지지도 않고 울어 댄다. 그래서 엄마들은 늘 잠이 부족하고 피곤해한다. 그러나 아이들은 그런 부모의 사정을 이해하거나 배려하지 않는다. 그게 아이다.

그러나 커갈수록 부모를 이해하고 전후 사정을 고려하며 막무가내로 고집을 피우지는 않는다. 때를 기다릴 줄도 알고 참을 줄도 안다. 우리의 신앙이 기다리지 못하는 신앙이라면 그것이 바로 흔히 말하는 어린아이와 같은 신앙이라는 증거다. 하지만 성숙한 그리스도인이라면 그러한 어린아이의 일을 버리라고 고린도전서 13장에서 말한다.

• 조안나 위버, 《하나님이 지체하실 때》, 오현미 옮김(두란노, 2011), 88~89면.

내가 어렸을 때에는 말하는 것이 어린아이와 같고 깨닫는 것이 어린아이와 같고 생각하는 것이 어린아이와 같다가 장성한 사람이 되어서는 어린아이의 일을 버렸노라 고전 13:11

예수님이 마르다와 마리아로부터 소식을 접하시고 베다니에 도착하셨을 때에는 나사로가 죽은 지 이미 나흘이 지난 때였다. 왜 그렇게 늦으셨을까? 보통 이런 상황이라면 만사를 제쳐 놓고 달려가셨을 텐데 말이다. 이 모든 것은 하나님의 영광을 드러내기 위해서였다. 특히 당시의 장례 문화를 이해한다면 이 '나흘'이라는 숫자가 주는 의미를 알 수 있다.

당시 유대인들은 사람이 죽으면 그 영혼이 자기 시신 위를 사흘 동안 배회한 뒤에야 떠나간다고 믿었다. 그래서 유족들은 매장하는 것을 지체하는 경우도 종종 있었다. 그렇게 영혼이 떠돌아다니다가 다시 몸 속으로 들어와 혹시라도 다시 살아날 수도 있다는 일말의 기대감 때문이었다.

하지만 나흘이라면 이야기는 달라진다. 말 그대로 모든 희망이 사라져 이제는 포기해야 할 때라는 걸 의미하는 시간이다. 예수님이 무덤에 있은 지 나흘이 지나 오신 것은 이처럼 인간이 기대할 수 있는 모든 가능성이 사라지고 온전히 주님만 바라볼 수밖에 없는 바로 그때였던 것이다. 그것이 바로 하나님의 타이밍이다.

요셉이 애굽의 총리가 되기까지 많은 시간을 감옥에 있어야만 했고 이스라엘 백성은 출애굽을 한 후 40년씩이나 광야를

헤매야만 했다. 노아는 몇 달 동안 물 위를 떠다니기 위해 백 년이나 걸려 배를 만들어야 했으며 아브라함은 약속의 자녀를 얻기까지 25년이라는 기다림의 시간이 필요했다. 이것이 성경에서 수없이 증거하는 하나님의 타이밍이다.

그런데 중요한 것은 결국 모든 것이 그분의 뜻대로 이루어졌다는 사실이다. 하나님은 그런 시간이 없이도 얼마든지 우리의 문제들을 바로 해결해 주시고 놀라운 축복을 허락하실 수 있는 분임을 우리는 믿는다. 하지만 하나님의 역사에는 반드시 '하나님의 타이밍'이 적용된다. 그렇다고 하나님이 재미 삼아 우리에게 기다림의 시간을 주시는 분은 결코 아니다. 지구가 24시간 동안 자전하고 1년에 한 바퀴씩 정확하게 잘 돌아가나 검사하고 수성에서부터 명왕성까지 관리하시느라 너무 바쁘셔서 나 같은 작은 존재에 관심이 없으신 게 아니다. 우리가 많은 죄를 짓고 하나님 앞에 충성하지 못했다고 마음이 불편해서서 일부러 골탕 먹이려고 그러시는 분이 아니라는 말이다.

함께 아파하시는 주님

요한복음 기자는 6절에서 예수님이 계시던 곳에 이틀 더 머무셨다고 말한다. 여기에 사용된 헬라어 원어의 의미를 보면 단순히 이틀을 더 머물고 지체했다는 말이 아니라 이틀을 더 '견디었다'는 뜻이 담겨 있다. 이 사실은 우리에게 큰 의미를 던져 준다. 다시 말하면 예수님도 나사로의 소식을 듣고 '녀석들 조급하기는. 내가 다 알아서 해결해 줄 텐데 그걸 못 참니?'

라면서 팔짱을 끼고 여유 있게 시간을 보내신 게 아니라는 말이다. 큰 고통 가운데 있는 마르다와 마리아를 위로해 주고 싶었고 당장이라도 가서 나사로를 살려 주고 싶으셨을 것이다. 하지만 그 안타깝고 애통하는 마음을 억누르고 이틀이라는 시간을 견디신 것이다. 주님이 그들을 사랑하셨기 때문이다.

33절에는 마리아를 보고 심령에 비통히 여기시고 불쌍히 여기셨다고 말한다. 35절에는 눈물을 흘리시더라고 했다. 23절에서 분명히 네 오라비가 다시 살아나리라고 말씀하셨는데 굳이 슬퍼하실 이유가 있었을까? 오히려 여유 있게 웃으면서 회심의 미소를 지을 수 있지 않았을까? 하지만 주님께서는 나사로가 건강한 모습으로 살아서 걸어나올 것을 아시면서도 자신이 그토록 소중히 여기는 사람들과 함께 애통해하셨다. 그런 상황을 바라보시는 주님의 가슴도 아팠다는 사실을 우리는 기억해야 한다.

당신이 고통당하고 어려움 속에서 힘든 나날을 보내고 있을 때 하나님이 아무런 응답도 해결도 안 해주셔서 답답했던 순간이 있을 것이다. 그러나 그 순간 우리보다 하나님이 더 마음 아파하신다는 사실을 기억해야 한다. 당신이 병으로, 직장 문제로, 진로 문제로, 가정 문제로 고민하고 아파할 때 뒤에서 조용히 당신을 위해 눈물을 흘리시는 분, 그분이 바로 하나님이시다.

지금 당신이 당면한 문제들이 해결되기를 목이 빠지게 기다리고 있다는 사실을 그분은 아주 잘 알고 계신다. 그러나 그분의 생각은 당신의 생각보다 높다. 예수님은 나사로의 죽음에 아무 관심도 없으셨던 게 아니다. 예수님이 십자가에 달리사 하나님이 영광 받으실 무대가 마련되는 중이었던 것이다. 하나님의 때를 기다리는 우리도 힘들지만 그렇게 해야만 하는 하나님도 많이 아프시다는 사실을 우리는 잊지 말아야 한다.

지금 당신이 기도하고 있는 여러 가지 일들, 지금 당장이라도 해결되기를 바라는 그런 일들, 하나님은 당신이 겪고 있는 그 아픔의 시간들을 모두 알고 계신다. 그리고 함께하시며 같이 아파하신다. 그러나 그것은 단지 당신 한 사람의 문제 해결만 달려 있는 것이 아니다. 그것을 통해서 하나님의 영광이 드러나야 하고 당신이 더 큰 자리로 나아가는 계기가 되며 가족을 비롯한 주변 사람들이 사망에서 영생으로, 절망에서 희망으로, 한숨 대신 함성으로 바뀌는 중요한 전환점이 되는 것이다.

발명왕 토머스 에디슨은 이런 말을 남겼다.

인생에 실패한 사람들은 대부분, 그들이 포기하는 그 순간 자신이 성공에 얼마나 가까이 다가왔는지 깨닫지 못한다. •

많은 그리스도인들이 하나님의 타이밍을 눈앞에 두고 주저앉고 만다. 온갖 자기 합리화와 변명을 늘어놓으며 결국은 놀라운 은혜와 축복의 목전에서 돌아서고 죄의 자리로 나아간다.

• 차동엽, 《희망의 귀환》(위즈앤비즈, 2013), 78면에서 재인용.

신기하게도 참을 만큼 참다가 될 대로 되라고 내 마음대로 했더니 그제서야 바라던 응답이 올 때, 그 허탈감과 후회는 참 감당하기 힘들다.

    그치지 않는 비는 없다는 말도 있지만 내 인생에는 비만 오는 것 같다. 가도 가도 끝이 보이지 않는 이 답답하고 막막한 현실, 어서 끝이 나고 나도 남들처럼 편안했으면 좋겠는데 말이다. 그러나 지금 당신이 겪고 있는 그 시간들, 1분 1초도 결코 낭비가 아님을 기억해야 한다. 이 기다림의 시간이 하나님이 당신을 버린 것이 아님을 기억해야 한다. 아무런 의미나 가치가 없는 시간이라고 착각해서도 안 된다. 그 기다림의 시간, 하나님의 타이밍은 반드시 필요하다. 적어도 당신이 그리스도인이라면 말이다.

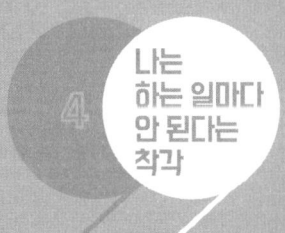

4 나는 하는 일마다 안 된다는 착각

작심삼일은 나의 것

매년 연말연시가 되면 회자되는 사진 한 장이 있다. '1월 1일 헬스장 공감'이라는 이름을 가진 사진이다. 이 사진에는 전년도 12월 31일의 헬스장 모습과 새해 1월 1일 사진 두 장이 나란히 비교되어 있다. 12월 31일 사진에는 텅 비어 있던 헬스장이 1월 1일에는 사람들로 북적거리는 모습이 담겨 있다. 진위 여부는 알 수 없지만 충분히 공감이 가는 사진이다.

이와 비슷한 상황이 그리스도인들에게서 자주 나타난다. "올해는 꼭 성경 일독 이상은 하고 싶다", "매일 한 시간 기도를 하겠다", "아침마다 큐티를 건너뛰지 않겠다"는 다짐은 이미 귀에 못이 박히도록 들어왔다. 어느 정도 경건생활이 자리잡힌 사람들은 십일조를 비롯한 헌금생활을 더 열심히 하거나 봉사와 구제, 아니면 해외 단기선교 일정 등도 올해 계획에 포함했을지 모르겠다. 하지만 야심 차게 준비했던 계획들은 시간이 지나면서 작심삼일로 끝나는 경우가 많다. 그렇게 많은 사람들이 해마다 실수를 되풀이하곤 한다. 그리고 연말이 되면 "벌써 한 해가 다 갔네" 하면서 늘 아쉬워한다. 그리고 '1월로 다시 돌아갔으면' 하고 바라기도 한다.

그렇다면 그리스도인으로서 작심삼일이 아니라 마음먹은 것을 끝까지 제대로 실행할 수 있는 방법은 없을까? 부족한 실행력을 끌어올릴 만한 방법은 없는 걸까?

그 부족함을 채워 줄 영적인 방법들을 삭개오를 통해 배울 수 있다. 이제 대형 서점의 매대를 가득 채우고 있는 자기계발서는 잠시 뒤로하고 성경에서 말하는 그리스도인의 행동 원칙을 찾아야 할 때다. 세상의 과학적이고 이성적인 법칙들 모두가 무용지물이라고 말하는 것은 아니다. 분명 그 가운데 우리가 배울 점이 있다. 그럼에도 아직까지 별다른 발전이 없다면, 특히 그리스도인으로서 영적인 접근이 필요하다면, 여기 삭개오를 주목해야 한다.

삭개오에게서 답을 찾다

누가복음 19장에 나오는 삭개오는 우리가 고민과 기도 끝에 세운 여러 계획들을 성취할 수 있는 행동 원칙들을 우리에게 제시하고 있다.

❶ 분명한 목표를 세워라

첫 번째는 분명한 목표를 세우는 것이다. 누가복음 19장 3절에 보면 "그가 예수께서 어떠한 사람인가 하여 보고자" 했다고 한다. 삭개오가 예수님이 어떤 분이신지 궁금해했다는 말은 그 전에 이미 예수님에 대해서 많은 소문을 들었다고 볼 수 있다. 그래서 누구인지 궁금했고 말씀을 직접 듣고도 싶었을 것이다.

사실 그는 세리로서 부유하게 살았지만 동족을 배신하며 사는 삶 속에서 고민과 갈등이 많았을 것이다. 그러는 중에 예수님의 소식을 들은 그는 그분이 모든 고민들을 해결해 줄 수 있는 유일한 분일지도 모른다고 생각했을 것이다. 그래서 어떻게 해서든지 그분을 만나고 싶었던 것이다. 그런데 예수님을 만나고 싶다는 그의 소원을 이루는 게 만만치 않아 보인다. 그가 유대인들, 특히 경건한 바리새인들이 가장 혐오스러워하는 세리였기 때문이다.

> 삭개오라 이름하는 자가 있으니 세리장이요 또한 부자라 눅 19:2

삭개오는 자신이 하고 있는 분야에 있어서만큼은 상당히 인정을 받는 세리장이었다. 또한 로마제국의 앞잡이 노릇을 하면서 재산이 점점 늘어났고 그로 인해 큰 부자가 되었다. 하지만 그럴수록 사람들로부터는 더욱더 외면을 당했다. 어디 그뿐인가? 그에게는 신체적 단점도 있었다.

> 그가 예수께서 어떠한 사람인가 하여 보고자 하되 키가 작고 사람이 많아 할 수 없어 눅 19:3

삭개오는 키가 작아서 수많은 군중 가운데 계셨던 예수님을 잘 볼 수가 없었다. 누구에게나 신체적으로 콤플렉스가 한 가지씩은 있게 마련이다. 키가 작은 사람, 살이 좀 많아서 고민인 사람, 피부가 안 좋아서 스트레스 받는 사람들도 있다. 이러한 외모 콤플렉스는 우리의 행동을 제약할 수 있다. 목표를 향해 나아갈 때 적잖은 장애가 되기도 한다. 삭개오가 그랬다.
주변 상황도 그다지 좋지는 못했다. 키가 작은 데다가 설상가상으로 사람까지 많았던 것이다. 그 때문에 예수님을 보기가 쉽지 않았을 뿐만 아니라 세리인 자신을 사람들이 알아보는 것도 부담스러웠을 것이다. 사람들이 자신을 싫어한다는 사실을 잘 알고 있었기 때문이다. 하지만 이러한 모든 악조건에도 불구하고 그는 포기하지 않았다. 삭개오에게는 '예수님을 만나겠다'는 분명한 목표가 있었기 때문이다.

자신이 처한 상황이나 직업과 신분, 신체적인 단점들, 여의치 않은 주변 환경들은 우리가 목표를 향해 나아가는 데 방해가 될 수 있다. 하지만 목표가 분명한 사람에게는 그 어떠한 장애물도 결코 문제가 될 수 없다. 그런데 우리는 이러한 장애물들에 넘어져 다시 일어나질 못한다. 작은 어려움이나 고난에도 쉽게 넘어진다. 그리고 '난 안 돼', '내가 그렇지 뭐' 하면서 포기한다.

왜 그럴까? 우리는 왜 그리도 작은 어려움에도 쉽게 넘어지고 포기하게 되는 걸까? 그 이유는 우리에게 간절함이 없기 때문이다. 계획한 바를 꼭 이루어야 한다는 절박함이 없기 때문이다. 절박한 상황에 있는 사람들은 그 상황을 헤쳐 나가고 목표를 이루기 위해서라면 어떠한 고난도 이겨 낼 수 있다. 그러나 절박함이나 간절함이 없으면 해도 그만 안 해도 그만이라는 생각에 작은 어려움에도 쉽게 주저앉아 버리고 마는 것이다.

'월드스타 비'라는 수식어를 달고 다니는 가수 정지훈. 언젠가부터 국내 최고 미녀의 연인이 되어 남자들의 공공의 적이 되어 버리긴 했지만, 그의 성공 스토리는 우리에게 절박함이 주는 힘에 대해 아주 잘 말해 준다. 그는 가수가 되기 위해

18회나 오디션에 도전했지만 번번히 실패하고 말았다. 하지만 '이거 아니면 죽는다'는 절박함 때문에 그는 결코 포기하지 않았다.

당시 비는 차비조차 없는 상태였지만 어머니의 병원비가 밀려 있는 상태였고, 돌봐주어야 하는 여동생까지 있었다. 그래서 '여기서 떨어지면 끝'이라는 절박한 마음으로 오디션을 볼 때 한 번도 쉬지 않고 총 다섯 시간을 내리 춤을 추기도 했다. 그러한 노력 끝에 결국 그는 당당히 가수로 데뷔하게 되었고 그 이후로 거침없는 성공가도를 달려서 오늘날에 이르렀다.

마가복음 5장에도 절박함으로 인해 뜻을 이룬 혈루증 걸린 여인의 이야기가 나온다. 그녀가 단순히 믿음만 가지고 있었다면 그녀는 자신의 병을 치유 받지 못했을 것이다. 병이 나아야 한다는 절박한 심정으로 죽음을 무릅쓰고 주님의 옷자락을 만졌을 때 마침내 그녀는 기적과 같은 치유함을 받을 수 있었다.

> 예수의 소문을 듣고 무리 가운데 끼어 뒤로 와서 그의 옷에 손을 대니 이는 내가 그의 옷에만 손을 대어도 구원을 받으리라 생각함일러라 이에 그의 혈루 근원이 곧 마르매 병이 나은 줄을 몸에 깨달으니라 막 5:27-29

당신에게 이런 간절함이 있는가? 목표한 계획들을 이루고자 하는 절박함이 있는가? 그리스도인으로서 기도와 말씀, 예배와 전도, 하나님의 나라와 선교에 대한 갈급함이 있는가? 믿지 않는 가족, 직장 동료, 주변 사람들에 대한 하나님 안에서의 안타까움이 있는가? 만약 그러한 애끓는 마음이 없다면 당신은 아마 전과 별다름 없는 시간들을 보내게 될 것이다. 가정도, 직장도, 신앙의 아무런 발전도 없이 말이다.

기도 가운데 분명한 목표를 세워야 한다. 그리고 그 목표를 이루겠다는 간절함을 가지고 나아가야 한다. 목표가 분명하고 그것을 간절하게 붙든다면 당신 앞에 놓여 있는 그 어떠한 장애물도 당신을 방해할 수 없다. 그것이 당신의 계획을 성취할 수 있는 첫 번째 행동 원칙이다.

❷ 자존심을 버리고 낮아져라

두 번째 행동 원칙은 자존심을 버리고 낮아지는 것이다. 목표한 바를 이루기 위해서 자존심은 잠시 내려두어야 할 때가 있다. 선거철이 되면 대통령이나 시장이 되기 위해 각 후보자들은 새벽부터 밤늦게까지 강행군을 한다. 특히 서민들과의 만남을 강조하기 위해 재래시장을 방문하거나 고아원, 장애인들을 만나면서 눈물을 흘리기도 한다. 어떤 후보는 도심 한복판에 있는 하수구에 들어가는가 하면 맨손으로 생선을 들어 보이기도 한다. 평상시에는 거의 찾아볼 수 없는 모습이다. 그러나 대통령이나 시장이 되기 위해, 자신의 목표를 이루기 위해 어떠한 상황도 마다하지 않는 것이다.

삭개오도 그랬다. 그는 예수님이 어떤 분인지 보고 싶었는데, 키도 작은데다가 사람도 많아 볼 수가 없었다. 그래서 그는 누가복음 19장 4절을 보면 삭개오는 "앞으로 달려가서 돌무화과나무에 올라"갔다. 예수님을 직접 보겠다는 일념 하나로 나무 위로 올라간 것이다.

> 앞으로 달려가서 보기 위하여 돌무화과 나무에 올라가니 이는 예수께서 그리로 지나가시게 됨이러라 눅 19:4

그는 여리고의 세리장으로서 그 지역에서 상당히 잘 알려진 유력 인사였다. 하지만 그는 자신의 목표를 이루기 위해 자존심을 버렸다. 그가 있던 여리고는 여러 정황으로 보아 당시에 매우 앞선 문명을 가진 도시였다. 우리나라로 친다면 서울의 강남과 비교해 볼 수 있을 것이다.

이런 당시의 상황 속에서 봤을 때, 많은 사람들이 알아볼 만한 그가 나무에 올라갔다는 것은 상당히 체면을 구기는 일이었으며 그 어느 누가 봐도 이해할 수 없고 우스꽝스러운 모습이었을 것이다. 그러나 그는 사람들의 시선이나 체면 따위에 아랑곳하지 않았다.

전에 섬기던 교회에서 논산훈련소 훈련병들의 세례식을 집도한 적이 있다. 아주 추운 겨울이었는데 수많은 훈련병들이 예배를 드리고 세례를 받기 위해 훈련소 내 교회로 몰려들었다. 그때 교회 입구에서 훈련병들에게 초코파이와 따뜻한 커피를 나눠 주는 아저씨들이 있었다. 훈련병들은 "아저씨, 커피 한 잔만 주세요", "휴지 있나요?" 하면서 편하게 그 아저씨들에게 이런저런 부탁을 했다.

　마침내 세례식이 끝나고 세례식을 집도한 목사님이 광고를 하는 순서가 있었다. 그리고 맨 마지막에 그 부대의 최고 사령관인 사단장과 부사단장을 소개하는 시간을 가졌다. 그런데 별이 반짝이는 모자와 군복을 입고 나타난 그들은 다름 아닌 교회 로비에서 커피와 초코파이를 나눠 주던 그 아저씨들이었다. 이제 갓 입대한 훈련병들이니 사단장의 얼굴을 감히 볼 수는 없었을 터. 교회 장로인 사단장과 부사단장이 훈련병들을 섬겼던 것이다.

　군대에서 별 두 개란 감히 쳐다보지도 못할 정도로 높은 사람이다. 그런 사람들이 군인 취급도 못 받는다는 훈련병들에게 자신들의 지위를 내려놓고 섬기는 모습은 세례식에 참석했던 교회 관계자들은 물론 훈련병들에게도 큰 귀감이 되었다. 또한 그 사단장과 부사단장의 실천은 그리스도의 사랑을 전하는 목적에도 부합했다 할 것이다.

❸ **지체하지 말라**

　세 번째 행동 원칙은 지체하지 말라는 것이다. 삭개오는 자신이 뜻한 바를 미루지 않고 바로 행동으로 옮겼다. 예수님의 한 마디에 그는 지체 없이 움직였다.

　예수께서 그 곳에 이르사 쳐다보시고 이르시되 삭개오야 속히 내려오라 내가 오늘 네 집에 유하여야 하겠다 하시니 급히 내려와

즐거워하며 영접하거늘 눅 19:5-6

삭개오는 한 치의 망설임도 없이 그분을 맞이했다. 그것도 누군가의 강요로 마지못해서가 아니라 '즐거워하며' 영접했다.

성공하는 사람들은 일을 할 때 지체하지 않는다. 회사 일이나 집안 일은 물론, 개인적으로 해야 할 일들도 결코 미루지 않는다. 베스트셀러 작가인 폴 맥케나는 전 세계 부자들의 성공 요인을 찾아냈는데 그중 하나가 바로 '신속성'이었다. 성공한 기업가들은 새롭게 구상한 일이 있으면 대부분 24시간 안에 실행한다는 것이다. 이메일도 미루지 않고 바로 답장을 한다. 이와 같은 신속한 반응은 어떤 상황에서든 사람들의 호감과 신뢰를 얻게 한다.

하나님의 사람들은 그분의 말씀에 따를 때 주저하거나 멈칫거리지 않는다. 아브라함은 하란에 정착해 살고 있었지만, 하나님의 부르심을 받고 지체 없이 가나안으로 향했다. 하나님께서 아들을 바치라고 하셨을 때에도 천신만고 끝에 얻은 아들을 주저함 없이 바쳤다. 믿음의 조상이기 때문에 그렇게 한 것이 아니라 그러한 순종의 모습을 보였기에 믿음의 조상으로 일컬어진 것이다.

인터넷에 떠도는 유머 가운데 '시험공부 7단계'라는 것이 있다.

1단계: 집에 가서 해야지

2단계: 저녁 먹고 해야지

3단계: 배부르니 좀 쉬었다 해야지

4단계: 지금 보는 TV만 보고 해야지

5단계: 밤새워 열심히 해야지

6단계: 내일 아침에 일찍 일어나서 해야지

7단계: 이런 젠장 ㅜㅜㅜ

이것을 '기도하기 7단계' 또는 '성경 읽기 7단계'라고 바꾸면 제목만 달랐지 우리 그리스도인들의 모습과 정확히 일치한다. 그리스도인의 '새해 계획 7단계', 아마 이렇지 않을까?

1단계: 새해니까 1월 1일부터 해야지

2단계: 한국인의 새해는 설날부터니까 그때부터 해야지

3단계: 학기가 시작되는 3월부터 해야지

4단계: 생일부터 새로 태어나는 기분으로 해야지

5단계: 아직 올해의 반이 남았으니까 7월부터 해야지

6단계: 더운 여름도 갔으니까 선선한 가을이 되면 해야지

7단계: 나 어떡해!! ㅜㅜㅜ

사탄이 그리스도인들을 넘어뜨릴 때 사용하는 가장 효과적인 무기는 바로 '내일부터', '다음에'라고 한다. 그만큼 많은 그리스도인들이 해야 할 일을 미루고 있다는 말이다. 하지만 실천하기 가장 좋은 날은 '오늘'이고 실행하기 가장 좋은 시간은

'지금'이다. 결심을 실천하기에 지금보다 좋은 때는 없다. 행동하는 그리스도인은 지체하지 않는다. 자존심을 내세우지 않고 지체하지 않는 것, 이것이 바로 삭개오의 실천하는 모습에서 발견할 수 있는 특징이다.

❹ 탐욕을 멀리하라

마지막 네 번째 원칙은 탐욕을 멀리하는 것이다. 삭개오는 탐욕을 버리고 자신의 소유를 아낌없이 바쳤다. 8절을 보면 삭개오는 자신의 재산 절반을 가난한 자들에게 주겠다고 말한다. 더 나아가 누구의 것을 속여 빼앗은 일이 있으면 네 배로 갚겠다고도 약속한다.

> 삭개오가 서서 주께 여짜오되 주여 보시옵소서 내 소유의 절반을 가난한 자들에게 주겠사오며 만일 누구의 것을 속여 빼앗은 일이 있으면 네 갑절이나 갚겠나이다 눅 19:8

여기서 무엇보다 중요한 것은 예수님이 말씀을 꺼내시기도 전에 삭개오가 먼저 자신의 것을 내어 놓겠노라고 약속했다는 사실이다. 예수님이나 그 누가 시켜서 억지로 어쩔 수 없이 내놓은 것이 아니라 삭개오 자신이 먼저 이러한 약속을 한 것이다. 예수님이 권면하자 근심하며 돌아선 부자 청년과는 대조되는 모습이다.

우리는 계획을 실행하려 할 때 많은 탐욕과 유혹에 부딪힌다. 부자 청년처럼 재물의 유혹에 넘어질 때가 있다. 헌금하고 구제할 때, 헌신하고 봉사할 때 우리는 지갑을 열어야 한다. 그런데 지갑은 여는데 쉽사리 돈이 꺼내지질 않는다. 인터넷 뱅킹에서 '이체' 단추를 누르기가 쉽지 않다. 이 유혹을 이겨 내지 못하면 우리가 하나님 앞에 해야 할 일들이 방해를 받는다. 돈의 유혹을 이겨 내야 한다.

텔레비전의 유혹 앞에서도 우리는 참 무기력하게 넘어진다. 드라마와 예능 프로그램은 우리를 텔레비전 앞으로 나아오라 한다. 그런데 그 유혹을 떨쳐 버리기가 쉽지 않다. 그냥 소파에 누워서 보고 듣고 느끼고 즐기기만 하면 되기 때문이다. 특히 요즘처럼 모바일 기기가 넘쳐나는 시대에는 집에서뿐만 아니라 이동하는 중에도 방송을 볼 수 있다. 실시간으로는 물론이고 이미 지난 프로그램도 얼마든지 다시 볼 수 있다.

텔레비전 못지 않게 인터넷의 유혹은 우리를 참 즐겁게 한다. 인터넷 브라우저를 실행하는 순간 네이버는 우리를 녹색의 천국으로 인도한다. '⋯충격!', '⋯경악!'이라는 제목이 붙어 있는 기사들을 클릭하는 순간 벌써 30분이 훌쩍 지나간다. 막상 클릭해 보면 정말 경악할 만큼 평범하고도 무의미한 기사들을 보느라 말이다.

어디 그뿐인가? 소셜커머스에서 맛집이랑 필요한 것들을 쇼핑하려면 한 시간은 기본이다. 거기에 패밀리 레스토랑에 가면 음식 나오자마자 스마트폰 들이대고 찍어야 하고, 블로그와 카카오스토리, 페이스북과 인스타그램에도 올려야 한다. 사람들이 '좋아요' 몇 개 누르나, 댓글 몇 개나 남기나 신경을 써야 하고 그야말로 시간 가는 줄 모르게 만든다.

나태함의 유혹에 자주 넘어지기도 한다. 기도를 하려고 하는데 많은 사람들은 시간이 없다고 하소연을 한다. 정말 그럴까? 아침에 30분만 일찍 일어나면 충분히 기도할 수 있지 않을까? 꼭 교회에 안 가면 어떤가? 오가는 출퇴근 길에 잠만 자지 말고, 괜히 스마트폰으로 게임만 하지 말고 기도해야 한다.

큐티도 좋다. 책이 불편하다면 요즘 스마트폰 어플이 얼마나 잘 나왔는지 모른다. 스마트폰으로 성경도 볼 수 있고 큐티도 얼마든지 할 수 있다. 전철이나 버스에서 자리에 앉아 간다면 기도하는 시간으로 활용할 수도 있다.

그런데 우리에게는 계획을 실천에 옮기기 위한 시간은 없다. 기도할 시간도 말씀을 읽을 여유도 없다. 운동할 시간도 책한 권 읽을 시간도 빠듯하다. 자기 계발을 할 만한 엄두도 내질 못한다. 간신히 시작은 했지만 그저 며칠을 넘기기가 어렵다. 이 모두가 우리를 둘러싼 유혹을 이기지 못하기 때문이다.

그러다 보니 우리의 삶은 늘 제자리다. 월급은 꼬박꼬박 타지만 삶의 의미를 찾기가 어렵다. 교회는 다니고 예배는 드리지만 아무런 감동이 없다. 이 모두가 유혹을 이기지 못하고 해야 할 일들을 하지 못하기 때문이다. 우리는 이러한 모든 유혹들을 이제 과감하게 떨쳐 내야 한다.

일단 해보자

올해 당신이 계획한 것은 무엇인가? 시작은 했는가? 시작을 하기는 했는데 또다시 작심삼일이 되지는 않았는가? 하지만 실망할 필요는 없다. 작심삼일이 열 번이면 한 달이다. 그 한 달이 열두 번만 모이면 일 년이 되고 결국 목표를 이루게 된다. 안 되는 것 같아도 그냥 해야 한다. 시작하지 않으면 기대조차 할 수 없기 때문이다.

연평균 성장률 15.2퍼센트, 시장 점유율 31퍼센트, 1980년대 글로벌 1위로 등극한 이래 지금까지 단 한 번도 경쟁사에 역전을 허용하지 않은 기업, 나이키.* 그들의 슬로건은 잘 알려진 것처럼 "Just Do It"이다. 그 정신으로 나이키는 오늘날 세계 최고의 기업으로 우뚝 서게 되었다. 모험을 두려워하지 않고 일단 시도해 보는 정신, 그것이 바로 오늘날 나이키라는 거대 기업을 있게 한 것이다.

많은 사람들이 해보지도 않고 포기한다. 시작은 했는데 흐지부지 되는 경우도 많다. 일본 전산의 나가모리 시게노부 회장은 "시도하지 않는 것보다 더 몹쓸 것은 하다가 흐지부지 그만두는 것이다"라며 포기하지 말 것을 힘주어 말했다. 중간에 멈췄다면 그냥 흐지부지되도록 내버려 두지 말고 또다시 시작하면 된다.

시작하기에 늦은 것은 아무것도 없다. 삭개오는 목표를 설

---

* 삼성경제연구소, 《그들의 성공엔 특별한 스토리가 있다》(삼성경제연구소, 2012), 51면.

정하고 그것을 실행에 옮기며 모든 유혹을 이겨 내 마침내 축복을 누리게 되었다. 하는 일마다 작심삼일이 될 것이라고 지레짐작하지 말고 그래도 도전하라. 앞에서 설명한 행동 원칙을 잘 기억한다면 올해 송구영신 예배에는 마주하기 두려운 예배가 아니라 기다려지는 날이 될 것이다.

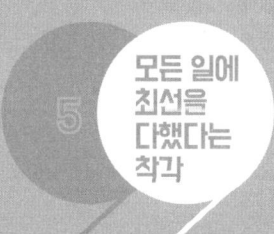

모든 일에
최선을
다했다는
착각

난 할 만큼
다 했어

'쟤 깨워라'
'네 성적에 잠이 오냐?'
'후배와 같은 학번 되지 말자'
'오늘 흘린 침은 내일 흘릴 눈물'
'삼십 분 더 공부하면 내 남편 직업이 바뀐다'

얼마 전 딸아이가 반 급훈을 적어 오는 숙제가 있다고 내게 도와달라고 했다. 노트에 몇 가지 적어 보다가 인터넷에서 좋은 아이디어가 있는지 찾아보기로 했다. 그러다가 '재미있는 급훈'이라는 제목의 글과 사진들이 있어서 호기심에 둘러보았다. 학교 급훈 가운데 재미있는 것들을 모아서 소개하는 페이지였다. 톡톡 튀는 아이디어가 돋보이는 것들이 많았다. 심지어 급훈에 선생님 사진이 인쇄되어 있어서 24시간 지켜보는 것 같은 효과를 내기도 했다. 내 어린 시절의 급훈과는 사뭇 다른 느낌이다. 그땐 주로 이런 급훈들이 유행이었다.

'정직 근면 성실'
'인내는 쓰고 열매는 달다'

그 가운데 가장 많이 볼 수 있었던 급훈은 '최선을 다하자'였다. 공부는 물론, 모든 일에 최선을 다하는 삶을 살자는 의미였을 것이다. 하지만 아무리 '최선을 다하자'고 강조해도 정말 최선을 다하는 사람들은 많지 않다. 그저 '자신이 생각하기에 최선을 다한 것 같을 뿐'이다. 정말 할 수 있는 최선을 다했는지 우리는 다시 한 번 생각해 볼 필요가 있다.

그런 면에서 본다면 마가복음 10장에 등장하는 맹인 바디매오는 목숨을 걸만큼 최선을 다해 평생의 소원이던 눈을 뜨는 기적을 맛본 좋은 본보기다. 그의 목숨을 건 외침이 없었다면 그는 영영 앞을 볼 수 없었을 뿐더러 평생 거지로 살았을 것이다. 도대체 그가 어떻게 최선을 다했기에 평생의 소원을 이루게 된 것일까?

바디매오에게서 최선을 보다

성경에 따르면 그는 시각장애인이면서 거지였다. 마가복음 10장 46절을 보면 "디매오의 아들 바디매오"라는 표현이 나오는데, '디매오'는 시각장애인 곧 맹인을 의미하는 말이다. 이처럼 바디매오는 맹인의 아들로 태어나면서부터 맹인으로 자라나 거리에서 구걸을 하는 아주 비참한 인생을 살고 있었다.

> 그들이 여리고에 이르렀더니 예수께서 제자들과 허다한 무리와 함께 여리고에서 나가실 때에 디매오의 아들인 맹인 거지 바디매오가 길 가에 앉았다가 막 10:46

그런 그에게 실낱같은 희망의 빛줄기가 내려왔다. 바로 예수님이 오신다는 소식이 들려온 것이다. 바디매오는 이전부터 소문을 들어서 예수님에 대해 익히 알고 있었던 것으로 보인다. 그래서 그는 평상시처럼 길가에 앉았다가 주변 사람들이 나사렛 예수라고 말하는 것을 듣고는 자신을 불쌍히 여겨 달라고 소리를 질렀다.

> 나사렛 예수시란 말을 듣고 소리 질러 이르되 다윗의 자손 예수여 나를 불쌍히 여기소서 하거늘 막 10:47

하지만 많은 사람들은 그를 긍휼히 여기기는커녕 잠잠하라고 꾸짖었다. 바디매오는 이에 굴하지 않고 더욱 크게 소리를 질러 예수님을 불렀다. 그때 사람들은 그가 구걸을 하려는 줄 알고 그를 저지하려 했다. 하지만 그는 사람들의 저지에도 아랑곳하지 않고 오히려 더 크게 소리 질러 주님을 불렀다. 지금이 아니면 이런 기회가 오지 않을 것이라는 생각에 필사적으로 소리를 질렀다. 바로 그때였다. 예수님은 발걸음을 멈추고 머물러 서서 "그를 부르라"고 말씀하셨다. 그랬더니 주변 사람들도 바디매오에게 "안심하고 일어나라 그가 너를 부르신다"(막 10:49)고 말했다.

그 말에 바디매오는 겉옷을 내버리고 뛰어 일어나 예수께 나아왔다.

> 맹인이 겉옷을 내버리고 뛰어 일어나 예수께 나아오거늘 막 10:50

그에게 겉옷은 그가 가지고 있는 가장 익숙하고 소중한 물건이었다. 매일같이 길거리로 출근하면서 챙겨야 했던, 길가에 앉아서 뜨거운 태양을 피하고 먼지로부터도 보호할 수 있는 유일한 수단이었다. 그러나 그는 예수님의 부르심에 한 치의 망설임도 없이 그 겉옷을 내버리고 예수께 나아갔다. 바디매오는 가장 중요한 것을 위해 지금 자신에게 가장 소중하고 익숙한 것을 버렸다.

그뿐 아니라 그는 예수님이 부르신다는 그 말에 "뛰어 일어나" 예수께 나아갔다. 생각해 보라. 그는 맹인이었다. 그런 그가 뛰어 일어나 예수께 나아갔다. 넘어질 수도, 사람들과 부딪칠 수도 있었기에 조심조심 가는 것이 맞겠지만 그는 주님이 부르신다는 말에 아무것도 두려워하지 않고 뛰어 일어나 간 것이다. 행여나 그 기회를 놓칠세라 최선을 다해 그 부르심에 순종하고 나아갔다. 그것은 그가 할 수 있는 최선의 행동이었다.

그런 그에게 마침내 예수님이 "무엇을 하여 주기를 원하느냐"고 물으셨다. 그리고 바디매오는 주저 없이 보기를 원한다고 말했다.

> 예수께서 말씀하여 이르시되 네게 무엇을 하여 주기를 원하느냐 맹인이 이르되 선생님이여 보기를 원하나이다 막 10:51

이 상황은 평상시 그가 마음속에 꿈을 품고 있지 않았다면 불가능한 일이었다. 그는 평상시에 눈을 뜨고 싶다는 생각으로 가득 찼을 것이다. 사람들의 멸시와 천대, 거지로 살아야 하는 자신의 처량한 신세, 늘 암흑 속에 살아야 하는 답답함이 항상 자신을 괴롭혀 왔을 것이다. 그래서 기적이라도 일어나서 눈을 뜰 수 있기를 바라고 또 바라며 살아왔을 것이다.

마음속에 소원을 품고 있지 않고 바라는 것도 없다면 결정적인 기회가 온다 하더라도 아무것도 이룰 수 없다. 프랑스 민화 가운데 좋은 예가 되는 동화 하나를 소개한다. 줄거리는 이렇다.

한적한 마을에 다정한 나무꾼 부부가 살고 있었다. 어느 날 나무꾼이 나무를 베려 하자 그 나무의 요정이 나타나 나무를 베지 않으면 세 가지 소원을 들어준다고 했다. 집에 돌아온 부부는 여러 가지 소원에 대해 생각했다. 그러다가 아내가 무심코 "소시지를 구워 먹을 수 있다면 얼마나 좋을까?"라고 말하자 정말 커다란 소시지가 나타났다. 소원이라고 말한 것이 기껏 소시지 하나였으니 남편은 화가 나 소리쳤다. "그 소시지가 당신 코에나 붙어 버렸으면 좋겠다!" 그랬더니 정말 남편의 말대로 소시지가 아내의 코끝에 붙어 버리고 말았다. 곤란해진 부부는 눈물을 흘리며 소시지를 코에서 떼어 달라고 말하는 것으로 마지막 세 번째 소원을 말했다. 그렇게 결국 세 가지 소원을 모두 허비해 버렸다.*

그냥 하루 먹고 하루를 살아가는 그들에게 소시지는 어찌

• 프랑스 민화, 한상남 글, ORIGINAL 세계명작동화 걸작선 29 《세 가지 소원》(꼬네상스, 2016).

보면 큰 기쁨이었는지 모르겠다. 하지만 그들에게는 그 이상의 꿈이 없었다. 그래서 그런 중요한 기회를 그냥 허공으로 날려 버리고 만 것이다.

그러나 바디매오는 달랐다. 비록 자신이 앞을 볼 수 없고 길 거리에서 구걸을 하는 인생이지만 그에게는 눈을 뜨고 싶다는 갈망이 있었다. 그러기에 예수님이 오신다는 이야기를 듣고 그렇게 간절하게 매달렸던 것이다. 예수님의 질문에 바로 답할 수 있었던 것도 눈을 뜨는 것이 그의 마음속에 항상 소망하고 있었던 일이기 때문이다.

또한 그는 예수님이 자신의 눈을 뜨게 해주실 능력이 있음을 믿었다. 그러기에 소리 질러 주님을 불렀고, 주님의 물음에 자신의 소원을 단호하게 말했다. 자신의 소원을 들어주지도 못할 누군가에게 소원을 말할 사람은 없다. 그런 믿음을 가진 바디매오는 마침내 그의 소원을 이루게 되었다.

> 예수께서 이르시되 가라 네 믿음이 너를 구원하였느니라 하시니 그가 곧 보게 되어 예수를 길에서 따르니라 막 10:52

예수님께서는 바디매오의 믿음이 그 자신을 구원했노라고 선포하셨다. 그리고 그는 곧 보게 되었다. 주님의 응답에는 지체함이 없었다. 응답을 받을 때까지는 기다림의 시간이 필요했다. 바디매오도 예수님을 만나기 전까지 날마다 참담하고 고통스러운 시간을 보냈을 것이다. 그러나 때가 이르자 바로 응답을 받았다.

누가복음 5장에서 나병 들린 사람들의 병이 '곧' 떠나간 것처럼, 요한복음 5장의 서른여덟 해 된 병자가 '곧' 나아서 자리를 들고 걸어갔듯이, 백부장의 하인이 '즉시' 나았고, 열두 해 동안 혈루증으로 앓는 여자도 그 '즉시' 구원을 받은 것처럼 말이다.

그렇다면 바디매오가 그토록 바라던 대로 눈을 뜨고 나서 첫 번째로 한 일은 무엇이었을까? 눈을 뜨게 되었다고 그동안의 한을 풀자는 마음으로 돈벌이를 하러 달려갔을까? 그동안 누려 보지 못한 쾌락을 누리려고 사창가를 기웃거리진 않았을까?

아니다. 그는 예수님과 함께 주의 길을 따랐다. 그것도 눈을 뜬 그 길, 바로 그 자리에서 예수님을 따랐다. '길'에서 구걸을 하고 있던 그가, '길'에서 예수님을 따랐다. 사랑하는 가족을 보고 싶은 마음도 있고, 그동안 하지 못했던 온갖 좋은 것들을 마음껏 누려 보고 싶기도 했겠지만 그런 것들은 안중에도 없었다. 그는 은혜를 알았다.

우리는 살면서 최선을 다해야 한다. 하지만 그 궁극적인 목적은 우리가 잘 먹고 잘사는 데 있지 않다. 주님의 길을 따르는 데 최선을 다해야 한다. 세상의 것을 쟁취하고자 최선을 다한다면 그 끝에 남는 것은 사망뿐이다. 물론 우리는 직장생활에 최선을 다해야 하고 가정과 교회에도 열심을 내야 한다. 하지만 그 모든 궁극적인 목표는 바로 먼저 그의 나라와 그의 의를 구하는 데 있어야 한다.

최선을 다했다는 착각

사람들은 자신이 하고 있는 일들에 최선을 다했다고 생각한다. 학생들은 최선을 다해 공부했는데 실수로 틀렸다고 한다. 정말 열심히 했는데 운이 없어서 대학에 떨어졌다고 말한다. 직장인들은 회사 업무를 보면서 자기는 확실하게 일 처리를 했는데 상사나 후배가 잘못해서 일이 어그러졌다고 말한다. 자신의 실수나 최선을 다하지 못한 것에 대해서는 일체 함구하거나 얼버무리고 만다. 그런 사람들이 정말 최선을 다한 것일까?

《살아 있는 것들은 전략이 있다》는 책을 보면 최선을 다한다는 것이 어떤 것인지 단적으로 보여 주는 사례가 등장한다.

> 중요한 외국 바이어가 방한 일정을 마치고 귀국하려는 참이다. 일정 내내 그를 수행한 담당자가 인천공항으로 배웅을 하러 갔는데 공항 근처 호텔에서 묵었던 바이어가 미안한 표정으로 부탁을 한다.
> "어제 저녁 달콤하면서도 아주 작은 생선을 먹었는데 혹시 그걸 가져갈 수 없을까요?"
> 아니 세상에, 떠날 시간이 코앞인데 당장 그걸 어떻게 찾는단 말인가. 더구나 '달콤하면서도 아주 작은 생선'이란 게 뭔지도 알 수가 없다. 참 막막한 부탁이다.
> 이럴 땐 어떻게 해야 할까? 대부분은 "구해 보겠다"고 한다. 이왕

하는 일이니 최선을 다해야 한다는 생각에 여기저기 알아보고 결과를 전해 준다. 좀더 경험 있는 사람들은 "구하면 보내드리겠다"고 하면서 최대한 성의를 표한다.

여기까지만 하면 될까? 다르게 행동하는 사람들이 있다. 그들은 '(남)다르게' 최선을 다한다. 실제로 이 일을 경험한 주인공은 어떻게 했을까? 그 또한 막막하기는 했지만, 우선 알고 지내는 몇몇 국내 거주 외국인을 상대로 '용의자' 찾기에 나섰다. '달콤하면서도 아주 작은 생선'이 뭘까? 아무래도 바이어의 시각에 가까운 외국인들에게 묻는 게 빠를 것 같았다.

유력한 용의자는 멸치였다. 시간이 없었으므로 일단 멸치로 밀고 나갔다. 100점을 받을 수 없다면 80점이라도 획득한 다음, 이 80점을 100점으로 만들어야 한다. 공항 근처 대형 마트로 달려간 그는 멸치와 간장, 물엿을 산 다음 눈에 띄는 맥줏집으로 들어가 사정을 말해 멸치볶음을 만들었다. 시간이 없으니 그야말로 맛만 볼 수 있도록 약간만 만든 다음 숨차게 달려갔다.

"제가 알아보니 이거 같은데 맞습니까?'"

바이어가 맛을 보는 동안 담당자가 한마디를 덧붙였다.

"확실하게 알 수가 없어서 일단 이걸로 우리나라 사람들이 즐겨 먹는 요리를 해봤습니다. 드셔 보시고 맛이 있으면 제가 적어 놓은 요리법을 그대로 따라 하시면 됩니다."

만약 이 바이어가 다시 온다면 누구를 가장 먼저 찾을까? 사업 파트너를 선택한다면 누구를 꼽을까?*

이 이야기의 주인공은 정말 자기가 할 수 있는 최선을 다했다. 아마도 이러한 상황에 처한 사람 가운데 99퍼센트는 처음에 등장하는 사람들처럼 "구해 보겠다"고만 말하거나 나름대로 여기저기 수소문을 할 수는 있다. 그러나 그렇게 마트로, 호프집으로 뛰어다니며 어떻게 해서든 해결하려고 노력하지는 않는다. 정말 사력을 다해 최선을 다하는 것이 아니라 '이 정도면 최선을 다한 것 같다'고 생각한다.

뒤통수를 얻어맞은 느낌이었다. 지금까지 살면서 최선을 다했다고 늘 생각했기 때문이다. 하지만 이 이야기를 접하는 순간, 바디매오를 만난 순간, 그 모든 것이 엄청난 착각이었음을 깨달았다. 난 그저 '하고 싶은 만큼'의 최선을 다한 것뿐이었다. 내가 '할 수 있는 만큼' 최선을 다했다고 착각했을 뿐이다.

그러나 이제 진짜 최선을 다해야 한다. 내가 착각하고 있는 '할 만큼 했다'는 최선이 아니다. 바이어가 원하는 멸치볶음을 선물한 누군가처럼, 그리고 길거리의 맹인 거지였던 바디매오가 눈을 뜨자 주님을 따랐던 것처럼 정말 마지막 순간까지 죽을 힘을 다하는 진짜 최선을 말이다.

• 서광원, 《살아 있는 것들은 전략이 있다》(김영사, 2014), 140~147면.

인간관계에 관한 4
5가지 착각

1 누군가를 용서할 수 없다는 착각

절대 용서할 수 없어

오랜만에 형제들이 모여 둘째 형님 집에서 식사를 하기로 했다. 그런데 아내의 퇴근이 좀 늦어지는 바람에 아이들을 차에 태우고 서둘러서 가야 했다. 과속은 아니지만 조금 급하게 운전을 하다가 다소 급하게 차선 변경을 했다. 그랬더니 뒤 차가 갑자기 달려와서는 내 앞에 확 끼어드는 것이었다. 난 방향 지시등도 켜고 미안하다는 표시도 했는데 그 차 운전자 입장에서는 급하게 끼어든 것이 기분이 나빴나 보다. 그래서 복수를 하려고 내 앞에 갑자기 끼어든 것이다. 운전을 하다 보면 이런 경험 한두 번쯤은 있을 것이다. 이렇게 사람들은 누군가에 대해 이해하고 용서하기보다는 복수하고 되갚아 주려는 경향이 강하다.

7 x 70 = ?

우리는 많은 사람들을 만나며 관계를 맺고 살아간다. 그 가운데에는 힘들 때 의지할 수 있고 정말 큰 힘이 되는 사람들이 있다. 하지만 그냥 의례적으로 만나는 사람도 있고 만나는 것 자체가 아주 부담스럽고 불편한 사람도 있다. 그리고 정말 용서할 수 없을 만큼 나에게 큰 실수를 했거나 피해를 준 사람이 있을 수도 있다. 적어도 한두 명쯤은 말이다.

거래처 직원이 괜히 까칠하게 대해서 일하는 게 힘들 수도 있다. 회사 동료나 상사, 후배들과의 관계에서 나를 화나게 한 사람도 있을 것이다. 믿는 사람들의 공동체인 교회도 예외는 아니다. 오히려 더 관계가 어렵다고 어려움을 호소하는 경우도 종종 본다. 가족은 또 어떤가? 나를 화나게 하고 스트레스 받게 하는 말과 행동이 무엇인지 가장 잘 아는 가족이기에 더 나를 힘들게 했을 수도 있다. 하지만 그 반대로 당신이 그렇게 했을 수도 있다.

그렇다면 이렇게 누군가가 당신을 힘들게 했을 때 당신은 상대방과 그 상황에 어떻게 대처하는가? 사람들은 누군가가 나를 힘들게 하면 내가 받은 것만큼, 아니 그 몇 배로 갚아 주려는 심리가 있다. 나만 손해 보고 당했다는 생각이 들면 화가 나고 울화가 치밀어 오르기 때문이다. '그럴 수도 있지 뭐'라고 여유 있게 생각하기보다는 '그래, 너 어디 한번 두고 보자!'라는 마음이 우리 안에 더 많다. 부끄럽지만 나만 봐도 그렇다.

하지만 성경은 용서하라고 말한다. 그래서 한두 번은 눈 딱 감고 참기도 한다. '그래, 그리스도인이니까 그분의 사랑으로 참아야지!' 하면서 이를 악물고 참아 본다. 하지만 거기까지다. 상황이 반복되면 더 이상 참지 못하고 그동안 참았던 분노까지 가세해서 더 크게 화를 내고 만다. 그게 우리 인간의 한계다. 그런데 성경은 한두 번이 아니라 일곱 번을 일흔 번까지라도 참으라고 가르친다.

> 그 때에 베드로가 나아와 이르되 주여 형제가 내게 죄를 범하면 몇 번이나 용서하여 주리이까 일곱 번까지 하오리이까 예수께서 이르시되 네게 이르노니 일곱 번뿐 아니라 일곱 번을 일흔 번까지라도 할지니라 마 18:21-22

정말 미칠 노릇이다. 한두 번이야 어떻게든 참아 보겠지만 일곱 번을 일흔 번까지라도 참으라니 아무리 생각해도 신앙생활 제대로 한다는 게 너무 어렵게만 느껴진다. 그런데 이 이야기를 꺼낸 사람은 다름 아닌 다혈질의 상징이라 할 수 있는 베드로였다. 21절을 보면 베드로는 우리에게 반드시 용서가 필요하다는 사실을 이미 알고 있었던 것 같다. 마태복음 6장에 용서에 관한 교훈이 나오는데 이 가르침을 이미 들었고 그것을 기억하고 있었을 테니까 말이다.

> 너희가 사람의 잘못을 용서하면 너희 하늘 아버지께서도 너희 잘못을 용서하시려니와 너희가 사람의 잘못을 용서하지 아니하면 너희 아버지께서도 너희 잘못을 용서하지 아니하시리라 마 6:14-15

그런데 이렇게 베드로가 예수님에게 몇 번을 용서해야 하냐고 묻는 이유는 아마도 늘 붙어 다니던 제자들과의 부딪힘 때문이라고 짐작할 수 있다. 제자들 가운데에는 서로 마음이 잘 맞는 사람도 있었겠지만 사사건건 시비가 붙었던 이들도 있었을 것이다. 특히 베드로와 같은 성격이라면 말이다. 그래서 나름대로는 상대방을 용서해야 한다는 사실을 알고 있었지만 도대체 몇 번이나 참아 주고 용서해야 하는지 궁금해서 이런 질문을 했을 것이다.

그 당시 랍비들은 인간이 베풀 수 있는 용서의 횟수를 최대 세 번이라고 가르쳤다. 다시 말해, 세 번 용서하면 네 번째부터는 용서하지 않아도 무방하다는 말이다. 그러니까 베드로가 일곱 번이라고 말한 것은 나름대로는 아주 파격적인 횟수라고 볼 수 있다. 아마도 이 정도면 예수님께서 "그래 베드로야. 역시 넌 내 제자답구나" 하면서 칭찬이라도 해주실 거라고 내심 기대했을지도 모른다.

그런데 예수님은 뜻밖의 대답을 하셨다. "일곱 번을 일흔 번까지라도 할지니라." 단순히 계산해도 490번. 이건 무조건 용서해 주라는 말과 다를 바가 뭐가 있겠는가? 그렇다고 예수님의 가르침의 특성상, 491번째는 '이제 됐으니 용서하지 않아도 된다'는 말은 아닐 것이다. 직접 보지는 못했지만 이 말을 들은 베드로의 황당해하는 모습이 짐작이 가고도 남는다. 말 그대로 멘붕 상태였을 것이다. 그런 베드로의 마음을 보시고 예수님께서는 대답을 하신 후에 한 비유를 들어 설명하신다. 바로 우리가 잘 알고 있는 용서하지 못한 종의 비유다. 그 줄거리는 이렇다.

옛날에 한 종이 왕에게 만 달란트를 빚지고 있었다. 정확하게 환산을 할 수는 없지만 한 달란트는 수조 원에 이르는 엄청난 금액이다. 자신의 목숨을 내놓아도 갚을 수 없는 금액이다. 그런데 이 종이 다 갚겠으니 제발 살려만 달라고 애원을 한다. 그래서 그 왕은 불쌍히 여겨서 놓아 주고 빚을 탕감해 주기까지 한다.

그런데 그 종이 나가서 자기에게 백 데나리온 빚진 동료 한 사람을 만나 돈을 갚으라고 했다. 그것도 '붙들어 목을 잡고' 당당하게 말이다. 데나리온은 당시 일꾼들의 하루치 품삯이었으니 대략 10만 원으로 친다면 백 데나리온은 약 천만 원 정도의 금액이다. 그 동료 역시 돈을 갚겠으니 용서해 달라고 애원을 하는데도 옥에 가두었다. 자신이 용서받은 것은 생각지도 못하고 말이다. 이 소식이 왕의 귀에 들어가자 왕은 크게 화를 내며 만 달란트 빚진 그 종을 옥에 가두어 버린다.

지금의 우리가 이 용서받지 못한 종과 같지는 않을까? 지난 시간 동안 받아 누린 그리스도의 사랑을 망각한 채 내 가족을, 내 직장 동료를, 내 교회 지체들을, 내 주변의 모든 사람들을 정죄하고 판단하고 미워하며 목을 잡고 숨도 못 쉬게 하지는 않았을까?

용서, 그리스도인의 특권

우리는 하나님으로부터 돈으로도 갚을 수 없는 구원과 영생이라는 큰 은혜를 입은 자들이다. 우리의 죄악을 그분의 독생자 예수로 인해 용서함 받았다. 그런데 우리는 그와는 비교할 수도 없는 약간의 돈 때문에, 자존심 때문에, 자신이 불편하다는 이유 때문에 주위 사람들의 작은 실수에도 용납하지 못하고 정죄하며 몇 배로 되갚는 경우가 얼마나 많은지 모른다. 이 용서하지 못한 종처럼 말이다.

자신이 용서받은 것은 기억하지 못한 채 남을 용서하지 못하는 이 불편한 진실, 이러한 상황은 우리 일상생활에서도 쉽게 만날 수 있다. 앞서 말한 것처럼 운전할 때 특히 자주 겪게 된다. 서로 소리를 지르고 싸우는 건 보통이고 도심에서 자동차경주대회를 방불케 하는 추격전이 벌어지기도 한다. 아파트나 연립주택에 살다 보면 겪게 되는 층간 소음 문제에서도 이러한 일들을 쉽게 마주하게 된다.

최근에 층간 소음으로 인한 살인 사건이 자주 발생하고 있다. 아마도 사건이 일어나기 전부터 여러 차례 다툼과 갈등이 있었을 것이고 어느 순간 화를 참지 못해 그런 일이 일어났을 것이다. 아파트 보급률이 60퍼센트가 넘는 우리나라의 현 상황을 감안해 본다면 앞으로도 이런 일들이 늘면 늘었지 줄어들 것 같진 않다.

나 또한 가해자로서 또 피해자로서 층간 소음으로 인해 많은 스트레스를 받은 적이 있다. 한동안 나는 윗집의 소음으로 인해 너무 스트레스를 받는 바람에 '너희도 한번 당해 봐라!' 하는 마음으로 복수를 결심하고 인터넷을 찾아 보기까지 했다. 그랬더니 놀랍게도 '층간 소음 복수 카페'를 찾을 수 있었는데 그 회원수만 해도 만 사천 명이 넘었다. 이 카페에는 층간 소음에 대한 피해 사례와 복수하는 방법에 대해 자세히 소개하는 게시판이 있었다. 글들을 읽어 보니 '더 이상 참을 수가 없다, 죽이고 싶다'는 내용을 어렵지 않게 찾아볼 수 있었다. 나도 이곳에서 복수하는 방법 몇 가지를 그대로 적용해 보기도 했다. 하지만 그럴수록 분이 풀리기보다는 스트레스만 더해 갔다.

그러던 어느 날, 마태복음 18장의 말씀을 묵상하게 되었다. 그런데 웬일인지 내 마음속에 '그래, 저 집도 아이들 때문에 얼마나 힘들까'라는 생각이 들면서 갑자기 그 집 사람들이 이해가 되는 것이었다. 그 후로는 웬만한 소음은 그냥 넘어가게 되었고 고성을 질러 가며 물건을 던지는 소리가 나면 조용히 헤드폰을 쓰고 음악을 듣거나 좋아하는 영화를 봤다. 그랬더니 견딜 만했다.

인간적인 마음으로 해결하려고 할 때에는 '어떻게 복수할까' 하는 마음에 오히려 더 스트레스가 가중되었다. 그런데 하나님의 말씀에 의지하니까 의외로 쉽게 문제가 해결되었다. 정확히 말하자면 문제 자체가 해결된 것은 아니지만 그것을 받아들이는 내 마음이 해결된 것이다. 물론 지극히 개인적인 경험이다. 하지만 이와 비슷한 사례가 여러 차례 있었고 처음에는 힘들었지만 계속 말씀을 의지하다 보니 마음이 평안해졌다.

그리스도인에게 용서는 하나님의 은혜를 따로 떼어 놓고 생각할 수 없다. 그 단적인 예를 에베소서에서 찾아볼 수 있다. 에베소서에서 죄 용서와 관련된 부분에서 사용된 '용서하다'는 '하나님이 우리의 모든 죄를 사하셨다', '성도들은 서로를 용서해야 한다'는 의미가 있다. 그래서 '용서하다'라는 단어는 '은혜를 베풀다', '호의를 베풀다'라는 의미가 담겨 있다. 하나님께서 우리를 용서하신 것처럼 다른 사람을 용서하라는 뜻으로 해석할 수 있다.

사실 우리 인간은 본질적으로 악하기 때문에 다른 사람을 용서한다는 것이 얼마나 어려운지 모른다. 따라서 용서해야 할 상황에서 우리는 그냥 꾹 눌러 참는 것을 넘어서야 한다. 하나님으로부터 받은 이 놀라운 은혜와 사랑을 기억하며 다른 사람을 용서하고 먼저 화해하고 사랑해야 한다. 그래서 에베소서 5장 2절에 "그리스도께서 너희를 사랑하신 것같이 너희도 사랑 가운데서 행하라"라고 말한 것이다. 그 이유는 그가 우리를 위하여 자신을 버리사 향기로운 제물과 희생제물로 하나님께 드리셨기 때문이다.

우리가 그 사랑을 받았으니 우리 또한 다른 사람들을 그렇게 사랑할 수 있다. 아니, 그래야 한다. 우리는 우리의 죄를 용서하시기 위해 자신의 독생자를 값없이 내어 주신 하나님의 그 사랑을 받은 자들이 아닌가? 그래서 누군가를 용서하고 사랑하는 것은 그리스도인들이 지켜야 할 의무라기보다 누려야 할 특권이다.

그러나 반대로 우리가 용서하지 못할 때 하나님은 진노하신다. 앞에서도 언급했던 용서하지 못한 종의 비유를 보면 "내가 너를 불쌍히 여김과 같이, 너도 네 동료를 불쌍히 여김이 마땅하지 아니하냐?"(마 18:33)라고 말하고 있다. 결국 그 주인은 그 종을 감옥으로 보내 버린다. 이것이 용서하지 못한 자의 말로다.

화해하라. 그리고 화목하라

당시의 문화적 관습에 따르면 화해를 할 때에는 가해자가 피해자에게 먼저 가서 손을 내밀 경우 피해자는 가해자를 용서했다. 이러한 상황은 지금도 크게 다르지 않다. 만약 누군가가 나에게 잘못을 했는데 내가 먼저 가서 그 사람과 화해를 하는 경우는 거의 없다. 당연히 잘못한 사람이 먼저 나에게 와서 사과를 해야 한다.

하지만 복음은 다르다. 하나님과 우리의 깨어진 관계에 대한 책임은 전적으로 불순종하고 죄인 된 우리에게 있다. 따라서 이 관계를 회복하고 화해하는 책임 또한 원칙적으로 우리에게 있다. 그런데 복음은 오히려 피해자이고 상처를 받으신 하나님이 해결자가 되신다.

고린도후서 5장 20절을 보면 "하나님과 화목하라"는 말씀이 나오는데 원어적으로는 "하나님과 화목되어라"가 더 정확한 표현이다. 바꿔 말하면 우리가 주도해서 하나님과의 화해를 도모하라는 말이 아니라 우리와의 깨어진 관계를 회복하시려는 하나님의 노력을 받아들이라는 말이다. 결국 하나님과의 관계가 소원해졌다고 생각된다면 인간적인 어떤 노력을 기울이기보다 우리를 찾으시는 그분의 음성에 순종하기만 하면 되는 것이다. 그것이 하나님과의 관계를 회복하는 지름길이기 때문이다.

이처럼 우리도 주변을 둘러싼 사람들과의 관계에서 화목해야 한다. 함께 부르심을 입은 지체들과 반목하면서, 하나님과 더불어 평화를 누린다는 것은 불가능하기 때문이다. 그런데 교회 안에서도 이런 모습을 쉽게 볼 수 있다. 아니, 때로는 믿지 않는 자들의 그 어떤 모습보다도 추악한 모습으로 싸우는 경우도 있다.

미국에서 신학 공부를 하면서 미국 내 한인교회들의 분열을 직접 눈으로 볼 수 있었다. 경찰이 와서 교회 문을 지키고 서서 교회에서 허락한 사람만 들여보내거나 그 앞에서 서로 소리를 지르며 욕하고 싸우는 모습도 지켜봤다. 수억 원의 소송비를 지불하면서 끝도 없이 법정 소송을 벌이다가 결국 교회들이 소리 없이 사라지는 경우도 있었다. 어려운 이웃을 보듬어 주고 뜨겁게 기도와 찬양을 나누던 교회에, 고성이 오가고 서로 주먹다짐을 하는 장면들이 수시로 연출되었다.

그런데 재미있는 것은 그렇게 싸우는 양측 모두 '하나님의 정의'를 내세우고 상대방을 서로 사탄으로 내몬다는 사실이다. 그리고 그 싸움은 지금도 계속되고 있다. 뜻이 안 맞는다고, 자신들의 의견에 동조하지 않는다고 서로를 정죄하며 예배 시간에 경찰들이 편을 가르게 하는 참담한 상황을 연출하고 있는 것이다. 한국에 있는 교회들도 종종 이런 모습이 뉴스에 나오곤 한다.

이 모든 것이 지난 100여 년 동안 전 세계에서 그 유례를 찾아볼 수 없을 정도로 급성장한 한국 교회에 대한 사탄의 방해 공작임을 우리는 깨달아야 한다. 더 나아가 한국 교회와 목회자들을 위해 기도해야 한다. 서로를 용납하고 화해의 손을 먼저 내밀어야 한다. 마귀는 정죄하지만 하나님은 용서하는 분이시다.

17세기 영국의 설교자이며 신학자인 토마스 왓슨은 용서에는 일곱 가지 요소가 있다고 말했다. '되갚지 않기', '악을 악으로 갚지 않기', '그들의 안녕을 빌어 주기', '그들의 고난에 함께 슬퍼하기', '그들의 행복을 위해 빌기', '화해를 추구하기', '고난 중에 돕기'가 그것이다.

그런데 우리는 너무도 정확하게 그 반대로 행동한다. '복수는 나의 것이라는 마인드로 반드시 되갚아 주기', '선을 악으로 두 배 이상 갚아 주기', '그들을 괴롭게 하기', '그들의 고난에 고소해 하기', '그들의 불행을 위해 빌기', '화를 돋구기', '고난 받도록 돕기'처럼 말이다. 당신은 이 요소들 가운데 몇 가지나 해당되는가?

용서, 제비꽃이 자기를 밟는 발꿈치에 남기는 향기

용서는 쉬운 일이 아니다. 그러나 결코 피해서는 안 될 일이다. 용서하지 못하고 마음에 그 분노와 복수심을 품고 있으면 결국 상대방보다 나 자신이 더 많이 상처받고 아프기 때문이다. 누군가를 용서하지 못하고 마음속에 원한과 앙심을 품으면 내 속사람에 독이 퍼져 정서적으로뿐만 아니라 영적으로도 병에 걸리게 된다. 그런데 그 병은 인간이 만든 모든 약으로도 고칠 수 없다.

마크 트웨인은 "용서는 제비꽃이 자기를 밟는 발꿈치에 남기는 향기다"라고 했다. 우리는 고린도후서 2장 15절의 말씀처럼 하나님 앞에서 그리스도의 향기다. 사람들은 우리의 말과 행동을 보고 그리스도에 대해 판단한다. 이런 이유로 그들과의 관계가 좋을 때는 물론이고 그렇지 못할 때에도 그 향기를 발할 수 있어야 한다. 마크 트웨인의 표현대로 비록 우리를 짓밟는다 해도 우리는 그들의 발꿈치에 향기를 남겨야 한다.

전에 미국 캘리포니아 주 남단에 있는 샌디에고에 잠시 다녀올 기회가 있었다. 로스앤젤레스에서 차로 약 세 시간 정도 남쪽에 위치한 항구도시로서 바닷가를 비롯해 경치가 아주 아름다운 곳이다. 또한 이곳에는 미 해군기지가 있으며 멕시코와 국경을 이루고 있어서 많은 사람들이 오가는 지역이기도 하다. 그 가운데 라호야 비치(La Jolla beach)라는 곳은 일몰과 더불어 바닷가 경치가 아주 아름다운 곳이다. 그런데 이 바닷가가 위치한 라호야 지역에 수년 전 안타까운 사고가 있었다.

2008년 12월 8일 오전, 샌디에고 라호야 지역에서 훈련 비행을 마치고 비행장으로 복귀하던 전투기 한 대가 엔진 고장으로 추락하는 사고가 발생했다. 다행히 조종사는 낙하산으로 탈출하였으나 비행기는 그대로 인근 주택가에 추락하고 말았다. 그런데 공교롭게도 그 비행기가 추락한 곳은 한국인 윤동윤 씨 집이었다. 윤 씨는 그날로 하루아침에 부인(당시 36세)과 큰딸(당시 15개월), 작은딸(당시 53일), 장모(당시 60세, 딸의 산후조리 위해 방문)에 이르기까지 모든 가족을 잃었다.

한순간에 사랑하는 가족을 모두 잃은 윤동윤 씨의 입장에서 그 비행기 조종사는 원수와도 같은 존재였을 것이다. 그가 얼마나 큰 분노를 느꼈을지 짐작이 가고도 남는다. 그러나 그는 사고 직후 있었던 인터뷰에서 이렇게 말했다.

나는 누구도 탓하지 않습니다. 우리의 가족을 불러 가신 분은 하나님이십니다. 여러분! 조종사가 이 일로 인해서 고통당하지 않게 기도해 주십시오, 그분은 자기 나름대로 최선을 다했습니다.

이 인터뷰를 방송으로 본 수많은 미국인들이 윤동윤 씨의 이러한 마음에 감동을 받았고 여기저기서 기부를 하겠다는 소식들이 줄을 이었다. 그런데 그는 그 기부금마저 불우한 이웃들을 위해서 사용하겠다고 발표했다. 정말 대단한 믿음이 아닐 수 없다. 그런데 더 놀라운 것은 당시 윤동윤 씨는 신앙생활을 한 지 5년이 채 안 되었다는 사실이다. 30대 중반이 되어서야 신앙생활을 했던 그였지만 그 믿음만큼은 정말 컸던 것이다. 신앙생활을 얼마나 오래 했느냐 하는 것이 믿음의 크기와 반드시 일치하지는 않는다는 사실을 다시 한 번 입증해 주는 이야기다.

만약에 그가 그 조종사를 용서하지 못하고 법적으로 대응했다면 어땠을까? 대부분의 사람들이 당연히 그럴 것이라고 예상했고 그 누구도 그런 행동에 시비를 걸 사람은 없었을 것이다. 하지만 그가 조종사를 용서하지 못하고 원망하며 마음에 원한을 품었다면 아마도 그는 그렇게까지 미국인들로부터 존경받지는 못했을 것이다. 그리고 본인 스스로도 많은 상처를 안고 평생을 살아야 했을 것이다. 하지만 그는 용서함으로 말미암아 진정한 그리스도의 사랑을 실천하는 진정 큰 사람으로 남았다. 이처럼 용서는 자신을 비롯한 모든 사람에게 감동과 평화를 가져다주지만 원한은 상처와 아픔만을 남기게 된다.

지금 바로 용서하라

그동안 마음에 미움이나 원한을 품고 있었던 사람이 주변에 있는지 한번 돌아보라. 누가 얼만큼 더 많이 잘못했고 잘했는지를 따지지 말고 구원의 축복과 영생의 선물을 받은 그리스도인으로서 일단 무조건 용서해 보는 것이다. 꼭 용서할 마음이 생겨서 용서하는 것이 아니라 그것이 하나님을 사랑하는 길이기에 어떠한 조건도 없이 용서하는 거다. 전화도 좋고 식사 대접도 좋다. 아니면 작은 선물도 괜찮다.

물론 마음이 불편하니 어색하고 쑥스러울 수 있다. 그러나 찬양으로, 기도로 한번 이겨 보자. 하나님을 사랑한다고 말만 할 것이 아니라 이제 그 사랑을 직접 행동으로 옮겨 보는 거다. 입으로 아무리 하나님을 사랑한다고 말해도 우리 안에 누군가를 미워하는 마음이 남아 있다면 그것은 하나님을 사랑하지 않는 것과 다름이 없다. 날마다의 삶을 통해서 하나님을 사랑한다고 고백하는가? 그렇다면 이제 용서와 화해를 통해 그것을 직접 행동으로 표현해야 한다. 그게 성경의 가르침이다.

> 누구든지 하나님을 사랑하노라 하고 그 형제를 미워하면 이는 거짓말하는 자니 보는 바 그 형제를 사랑하지 아니하는 자는 보지 못하는 바 하나님을 사랑할 수 없느니라 우리가 이 계명을 주께 받았나니 하나님을 사랑하는 자는 또한 그 형제를 사랑할지니라
> 요일 4:20-21

우리는 그리스도의 사랑으로 얼마든지 용서할 수 있다. 그리고 그것이 얼마나 큰 축복인지는 용서해 보면 안다. 지금 당장 용서하고 화해하라. 상대방보다 당신이 먼저 그리스도 안에서 상상할 수 없는 자유를 만끽하게 될 것이다. 누군가를 도저히 용서할 수 없다고 생각하는가? 그것은 그리스도인으로서 큰 착각일 뿐이다.

2 나만 잘하고 다른 사람은 못한다는 착각

내가 뭘?

"이게 왜 고민이죠??"

나는 KBS 방송에서 방영하는 〈안녕하세요〉라는 프로그램을 재미있게 보곤 한다. 다섯 명의 MC와 연예인들이 게스트로 출연하여 사람들의 고민을 듣고 그에 대한 청중의 반응을 알아보는 프로그램이다. 일반인 출연자가 방송에 나와 가족이나 친구, 직장 동료 등 주변 사람들 가운데 특이한 습관이나 행동을 하는 사람들에 대한 고민을 이야기한다. 이어서 그 사연의 주인공이 모습을 드러내고 이야기를 들어 본 후 그 사연이 고민인지 아닌지 방청객들의 의견을 투표로 묻는다.

프로그램의 성격이 이렇다 보니 사연의 주인공들은 성격이 상당히 특이한 경우가 많다. 커피를 매일 수십 잔씩 마시는 사람, 결혼 후 집에 거의 들어가지 않고 외박을 하는 아내, 가족보다 돌을 더 사랑하는 사람, 잠을 너무 많이 자서 아내의 출산도 가지 못한 사람 등 정말 그 종류도 이유도 많다. 그 사연들을 들어 보면 일리가 있는 경우도 있지만 정말 터무니없는 주장을 하는 사람들도 많다.

그런데 그 프로그램을 보다 보니 사연을 보낸 그 대상자들의 공통적인 특징을 발견할 수 있었다. 서로 약속이나 한 듯이 "내가 뭘 어쨌기에? 난 지극히 정상인데?", "이게 왜 고민이죠?"라는 태도를 보인다는 것이다. 다시 말해 자신이 잘못되었다는 사실을 전혀 모르고 있고 또 인정하지도 않는다. 자기는 정상인데 왜 여기에 나오게 되었는지 이해가 안 된다면서 말이다. MC와 게스트, 방청객들이 모두 다 그 사람을 보고 이상하다 말해도 자기 자신은 아무 이상이 없으며 문제될 것이 전혀 없다는 반응을 보인다. 텔레비전으로 보는 내가 답답할 정도다.

굳이 방송이 아니더라도 우리 주변을 돌아보면 그런 사람들이 많이 있다는 사실을 알 수 있다. 그리고 그 안에는 안타깝게도 나와 당신이 포함되어 있을지도 모른다. 예를 들어 운전할 때를 생각해 보자. 사거리에서 녹색불로 바뀌어 막 출발하려는데 신호를 어기고 승용차 한 대가 쏜살같이 지나가 버린다. 이때 많은 사람들은 "저런 인간들 때문에 우리나라가 선진국이 못 되는 거야. 도대체 사람들이 개념이 없어!"라며 한마디 한다. 심한 경우에는 "야 이 자식아, 운전 똑바로 해!" 하면서 창문을 내리고 고래고래 소리를 질러 대기도 한다.

그렇다면 반대의 경우는 어떨까? 안 그래도 약속 시간에 늦었는데 신호는 도와주질 않는다. 그래서 하는 수 없이 사거리에서 신호등이 노란불에서 빨간불로 바뀌려는 순간 속도를 내어 빠르게 지나간다. 아직 빨간불로 바뀐 것은 아니니까 그다지 찔릴 것도 없다. 이때 다른 차선에서 녹색불을 보고 출발한 차들이 클락션을 울려 대며 내게 성질을 낸다. 그러면 난 중얼거리듯 한 마디 한다. "노란불에 빨리 지나간 것 가지고 왜들 그렇게 난리야? 급한 일이 있으면 그럴 수도 있지, 사람들이 이해심이 없어!" 하며 투덜댄다.

'내가 하면 로맨스, 남이 하면 불륜'이라는 말도 있는 것처럼, 남이 신호를 어기면 '시민의식도 없는 몰지각한 인간'으로 여기지만 자신이 신호를 어기면 '어쩔 수 없는 상황이었다'며 합리화를 시킨다. 차라리 다른 사람들이 신호를 어길 때 투덜대지나 않으면 좋을 텐데 말이다.

들보와 티

그런데 가만히 생각해 보니 정도의 차이가 있고 종류만 다를 뿐, 우리에게 그러한 점들이 한두 가지씩 다 있다. 그런 우리의 모습을 한마디로 표현해 준 성경구절이 있다.

너는 네 눈 속에 있는 들보를 보지 못하면서 어찌하여 형제에게 말하기를 형제여 나로 네 눈 속에 있는 티를 빼게 하라 할 수 있느냐 외식하는 자여 먼저 네 눈 속에서 들보를 빼라 그 후에야 네가 밝히 보고 형제의 눈 속에 있는 티를 빼리라 눅 6:42

참 예화도 재미있다. 들보는 건물을 지을 때 천장과 바닥에 대는 지지대를 말한다. 안 보려야 안 볼 수 없는 크기를 자랑한다. 반면에 티는 돋보기나 현미경을 가져다 놓고 봐야만 보일까 말까 할 정도로 작다. 그런데 자신에게 있는 들보는 안 보이고 남의 눈에 있는 티를 빼라고 한다. 그게 인간이다.

생각해 보라. 눈에 들보가 들어앉아 있는데 티는커녕 앞이 잘 보일 리 있겠는가? 그래서 성경에서는 자신의 눈 속에 들어 있는 들보를 먼저 빼라고 가르친다. 내 눈 속의 들보를 먼저 빼고 나면 그때서야 밝히 볼 수 있고 다른 형제의 눈 속에 있는 티를 볼 수 있다. 티는 아주 작은 것이지만 당사자는 물론 주변 사람들과 공동체에도 나쁜 영향을 줄 수 있다.

하지만 그것을 바로잡으려고 말을 꺼내거나 행동으로 옮기기 전에 먼저 내 눈에 있는 들보를 빼내는 것이 순서다. 그리고 내 눈에는 티조차도 남지 않도록 더욱 말과 행동에 유의할 때 다른 사람들에게 선한 영향력을 끼칠 수 있다. 내 눈에 들보가 남아 있는 한 다른 사람의 티를 제대로 볼 수 없다.

내가 다른 사람의 티를 볼 수 있는데 다른 사람이 내 눈에 있는 들보를 보지 못하겠는가? 자기 자신도 제대로 바로잡지 못하면서 다른 이들을 바로잡을 수는 없다. 그들에게 비난의 화살과 정죄의 돌을 던질 수는 없다. 그래서 주님은 음행 중에 잡힌 여자를 데리고 온 서기관들과 바리새인들에게 이렇게 말씀하셨다.

> 그들이 묻기를 마지 아니하는지라 이에 일어나 이르시되 너희 중에 죄 없는 자가 먼저 돌로 치라 하시고 요 8:7

그 당시 관습에 따르면 음행한 여자를 정죄하려면 그 여자의 남편이 아내를 제사장에게 데리고 가야 했다. 하지만 이 경우 남편은 간음죄를 범한 적이 없어야 한다. 주님을 시험하기 위하여 고발할 조건을 얻고자 음행한 여자를 데리고 온 그들에게 멋지게 한 방 날리신 것이다. 그랬더니 묻기를 마지 않았던 그들이 한 명씩 가버리고 결국 예수님과 여자만 남게 되었다.

그들이 이 말씀을 듣고 양심에 가책을 느껴 어른으로 시작하여 젊은이까지 하나씩 하나씩 나가고 오직 예수와 그 가운데 섰는 여자만 남았더라 요 8:9

죄 지은 사람은 모두 물러갔으니 결국 죄 없고 흠 없으신 주님만이 남으셨다. 주님의 거룩하심을 스스로 증명해 보이신 것이다.

돌을 내려놓으라

미국에서 한국으로 돌아와서 아내는 전에 다니던 회사에 복직을 했다. 그러자 전에 같이 일했던 친한 동료가 반가운 마음에 퇴근 후에 우리 집으로 놀러 왔다. 저녁 시간이 되었으나 아내와 그 동료가 같이 퇴근하는 바람에 식사 준비할 시간이 안 되어 배달을 시켜 먹었다. 그런데 음식을 먹다 보니 내가 주문한 음식에서 비닐 조각이 발견되었다. 아마도 음식을 만들다가 실수로 들어간 것 같았다.

아내와 그 동료는 그냥 넘어가자고 했으나 나는 어떻게 이런 걸 보고 그냥 넘어가느냐고 대꾸하고는 바로 그 식당으로 전화를 걸어서 항의했다. 그랬더니 죄송하다며 다시 배달을 해 주겠다고 하는 것이었다. 하지만 이미 식사를 거의 마친 후였고 아내의 동료도 있고 해서 됐다고 말하고는 넘어갔다.

그런데 나중에 아내가 그냥 참지 그랬냐고 나에게 한마디 했다. 알고 보니 그 동료의 남편이 식당을 운영하고 있었기 때문에 이런 일들에 대해 상당히 민감하게 반응했던 것이다. 그 동료의 남편이 운영하는 식당에 그런 일들을 빌미 삼아 공짜 음식을 먹으려는 악덕 소비자들이 간혹 있었다고 한다. 더군다나 내가 목사라는 사실을 알고 있던 그 동료는 나중에 아내에게 "어떻게 목사님이 그럴 수가 있어?"라며 실망했다고 한다.

난 내가 한 행동 자체가 잘못된 것이라고는 생각하지 않는다. 그 식당의 상황도 이해할 수는 있지만 분명히 비닐 조각이 발견된 것은 위생 관리를 철저히 하지 않았다는 증거이기 때문이다. 하지만 내가 여기에서 간과한 것이 하나 있었다. 바로 아내와 그 동료였다. 남편이 식당을 하고 있고 아내와 동료가 식당에 전화를 거는 것 자체를 반대하는 걸 알았음에도 난 내 '의'를 드러내려 했다. 마치 정의의 사도가 되어 부조리가 가득한 이 사회를 바로 만들고야 말겠다는 듯 행동한 것이다. '덕을 세운다'는 차원은 간과한 채 말이다.

주님이 아닌 이상, 우리는 모두 돌을 내려놓아야 한다. 나의 시각으로 보기에는 마음에 들지 않고 의롭지 못하다고 생각되는 사람들을 향해 던지려 했던 그 돌, 나의 편협한 기준에 따라 자신의 의지와는 상관없이 죄인이 되어 버린 그들에게 이를 악물고 집어던지려고 손에 꽉 쥐고 있던 그 돌을 이제는 가만히 내려놓아야 한다. 나만 의롭다는, 나만 신앙생활 잘하고 있다는 착각에서 벗어나야 한다.

그렇다고 해서 불의와 부조리를 무조건 참아 넘기라는 의미는 아니다. 분명 신앙과 정의를 위해 나서야 할 때는 있다. 하지만 그것이 나의 의를 드러내려는 것이라면, 또 모두에게 덕이 되지 않는 상황이라면 내려놓을 줄도 알아야 한다는 말이다. 그 사람이 정말 의로운 자다. 진정으로 겸손한 자다.

스스로 교만하다고 생각하는 사람이 겸손한 사람이요, 자신이 겸손하다고 말하는 이가 교만한 사람이다. 자기 스스로 잘하고 있다고 생각하는 사람은 큰 착각에 빠져 있을 가능성이 크다. 남의 눈에 있는 티를 찾아내려고 눈에 불을 켜지 말고 누가 봐도 한눈에 알 수 있는 자신의 눈에 있는 들보를 먼저 빼내야 한다.

나, 이런 사람이야

3 명함이 나를 대표한다는 착각

'○○컨설팅 대표', '××연구소 소장', '△△기업 본부장'

지인 가운데 다양한 사업을 하신 분이 있다. 그분 사무실 책상에 보면 한쪽 편에 자신의 이름이 새겨진 수십 개의 명함이 꽂혀 있다. 그동안 세운 회사만 해도 스무 개에 가깝다. 다른 사람과 동업을 하거나, 심지어 명의만 빌려주는 본부장, 지점장, 팀장, 사장 등 그 직책도 다양해서 국내에 있는 모든 직함을 총망라한 것 같다. 그분은 사업을 벌이는 것을 어렵지 않게 여긴다. 그리고 그렇게 다른 사람들의 창업이나 사업을 돕는 것이 자신의 본업 가운데 하나이기도 하다. 때로는 명함이 하도 많아서 어느 게 진짜인지 혼란스러울 때도 있다.

나는 명함이다

명함은 그 사람이 누구인지 말해 주는 가장 좋은 수단이다. 그래서 사람들은 자신의 지갑에 당당하게 자리 잡고 있는 명함을 자신과 동일시한다. 특히 대기업이나 방송국, 전문직 등 좋은 직장에 근무하고 있는 사람들이라면 더욱 그렇다.

"아, S전자 다니시네요?"

"와~ 방송국에서 일하시다니, 부럽습니다!"

자신에 대해 구차하게 설명하지 않아도 그 명함 한 장이면 자신의 능력, 재력, 명예 등 모든 것이 설명된다. 굳이 드러내지 않아도 명함 한 장이면 알아서 자랑을 해주기 때문이다. 하지만 그 명함이 사라질 때면, 사람들은 자신을 잃어버린 양 힘들어한다. 주변 사람들의 시선이 달라지기 때문이다. 스스로도 자신감을 상실한다. 그래서 어떤 사람들은 지난 명함을 퇴직한 이후에도 계속 지갑에 넣고 다니기도 한다. 그만큼 명함이 주는 의미는 각별하다.

나는 군 복무를 할 때, 군 장성을 모시는 업무를 담당했었다. 그러다 보니 별 두세 개를 달고 있는 사람들의 이야기를 많이 듣게 되었다. 그 가운데 지금까지도 기억에 남는 게 하나 있다. 내가 근무했던 군부대에 중장까지 올랐던 한 분이 더 이상 진급을 하지 못하고 예비역으로 편입을 하게 되었다. 회사와 마찬가지로 군인들도 높이 올라갈수록 경쟁이 더 치열해지기 때문에 사실 중장까지 올라간 것도 참 대단한 일이었다. 그래서 군 장성급에서 예편한 군인들은 다른 회사로 스카우트 되어 높은 관리자의 자리에 앉는 것이 관례처럼 되어 있기도 하다.

하지만 이분은 그런 자리를 마다하고 군에서 받은 퇴직금으로 치킨집을 차렸다. 장사는 제법 잘되어서 경제적으로 부족함은 없었다. 그런데 이분이 어느 날 고민에 빠지게 되었다. 그 이유는 딸의 결혼 때문이었다. 군에 있을 때에는 중장이라는 계급이 있어서 사회 지도층 인사급에 해당했지만 지금은 '치킨집 아저씨'가 되었기 때문이다.

치킨집을 운영하는 사람들이 별 볼일 없다는 의미가 아니다. 실제로 사회에 있을 때에는 다들 한자리씩을 하다가 퇴직을 하면서 치킨집을 차리신 분들도 많다. 하지만 돈을 얼마를 벌든 간에 사람들은 치킨집을 운영한다고 하면 편견을 갖고 보는 경우가 많다. 더군다나 이분의 경우, 별을 세 개씩이나 달고 군생활을 하다가 동네에서 치킨집을 운영하고 있으니 자신은 물론이고 그 자녀들이 많이 힘들어했다. 이 이야기를 전해 들은 동료와 후배 장성들은 남의 이야기가 아니라며 한숨을 지었다고 한다.

난 이 이야기를 듣고 많은 생각을 하게 되었다. 같은 나이, 같은 모습, 같은 사람인데도 그 사람의 명함에 어떤 글자가 찍혀 있느냐에 따라 그 사람을 바라보고 생각하는 것이 달라진다는 사실이 씁쓸했다. 그런 시선을 가진 다른 사람들을 향해 손가락질하고자 함이 아니다. 나 스스로가 그들과 다르지 않기 때문이다.

명함 한 장이면 사람들은 그 명함에 적혀 있는 사람의 됨됨이나 신앙 같은 것들은 중요하게 생각하지 않는다. 명함에는 그 사람의 현재 사회적 지위만 선명하게 활자로 나타날 뿐이다. 사회에서나 교회에서나 크게 다르지 않다. 심지어 교회에서는 좋은 직장이나 전문직에 종사하는 사람들은 신앙이 좋다고 생각하는 경향이 있다. 신앙생활을 잘해서 하나님께 큰 축복을 받았기 때문에 그런 좋은 직장에 다닌다고 여기는 것이다.

물론 그 말이 틀린 말이 아닐 수도 있다. 정말 경건생활을 열심히 하고 하나님만 바라보며 나아가는 사람이라서 하나님이 크게 축복하셔서 그런 좋은 직장에 다닐 수도 있다. 하지만 그에 대한 진실 여부가 중요한 것이 아니라 그런 사람들을 바라보는 다른 사람들의 시선과 편견이 문제다. 명함에 찍혀 있는 직장 이름과 직함이, 그리고 겉으로 드러나는 현재 모습이 그 사람의 신앙까지도 결정짓게 만든다는 사실이 문제다.

하지만 모든 사람들이 다 그런 건 아니다. 오히려 자신에게 주어진 온갖 부와 명예를 다 버리고 고생스럽고 힘든 길을 자처하는 이들도 있다. 적도 아프리카의 랑바레네에 병원을 개설한 의사이자 선교사인 슈바이처 박사, 평생을 병들고 가난한 사람들을 위해 헌신하며 살아온 테레사 수녀 등을 비롯해 많은 사람들이 있다. 그 가운데 그리스도인들은 바울이라는 인물을 기억한다.

바울은 당대 최고의 엘리트였다. 다소 출신으로서 특권 계층이라 할 수 있는 바리새인이자 로마 시민권자였고 또한 당시 최고 학자인 가말리엘의 문하생이자 어려서부터 예루살렘에서 유학한 뛰어난 인재이기도 했다.

> 나는 유대인으로 길리기아 다소에서 났고 이 성에서 자라 가말리엘의 문하에서 우리 조상들의 율법의 엄한 교훈을 받았고 오늘 너희 모든 사람처럼 하나님께 대하여 열심이 있는 자라 행 22:3

> 나는 팔일 만에 할례를 받고 이스라엘 족속이요 베냐민 지파요 히브리인 중의 히브리인이요 율법으로는 바리새인이요 빌 3:5

그런 사람이 지금까지 누려 온 모든 것을 해로 여기고 그것을 배설물로 여기노라고 고백한다.

또한 모든 것을 해로 여김은 내 주 그리스도 예수를 아는 지식이 가장 고상하기 때문이라 내가 그를 위하여 모든 것을 잃어버리고 배설물로 여김은 그리스도를 얻고 빌 3:8

바울은 어디에다 명함을 내밀어도 부족하지 않을 최고의 학력과 스펙을 가진 사람이었다. 그런 사람이 자신의 명함을 갈기갈기 찢어 버리고는 그 모든 것이 화장실의 배설물과도 같다고 말하고 있다. 모든 것을 잃어버려도 좋다는 것이다. 그 모든 것을 해로 여길 수 있는 이유는 우리 주 예수 그리스도를 아는 지식이 가장 고상하기 때문이라는 것이다.

나는 그리스도의 향기다

나에게도 '대표'라는 직함이 찍힌 명함이 있다. 물론 대표라고 해봐야 나 혼자 일하는 1인 기업이다. 프리랜서 몇 명과 함께 프로젝트에 따라 작업을 진행하고 있지만 어쨌든 대표다. 사람들을 만날 때 이 명함을 내밀면 나는 어엿한 회사의 대표가 된다. 전시회나 자동차 매장에 가서 명함을 내밀면 사람들이 날 대하는 태도가 달라진다. 내가 어떤 회사를 운영하는지, 매출이 얼마나 되는지는 중요하지 않다. 그 사람들은 명함에 찍혀 있는 '대표'라는 직함만으로 나를 바라본다. 그에 합당한 부와 명예, 그리고 그에 합당한 자질이 있을 거라고 생각한다.

그러나 나에게는 그보다 더 중요한 명함이 있다. 거기에는 '예수의 종'이라는 직함이 선명하게 찍혀 있다. 비록 종이에 인쇄되어 있는 것도, 이마에 써 있는 것도 아니지만 사람들은 나의 말 한 마디와 행동 하나만으로도 내가 누구인지 금방 알아본다. 그래서 성경은 그것을 그리스도의 향기라고 말한다.

> 우리는 구원 받는 자들에게나 망하는 자들에게나 하나님 앞에서 그리스도의 향기니 고후 2:15

이 향기는 굳이 다른 사람들에게 꺼내 보이지 않아도 자연스럽게 흘러나온다. 이 향기는 유통기한이 없다. 직급의 높고 낮음도 없다. 예수 그리스도 안에서 거듭난 자라면 누구나 품어 낼 수 있는 아름다운 향기다. 사람들은 그 향기로 나를 본다. 내가 누군지를 알아보고 또 그 향기의 근원이신 주님에 대해서 평가한다.

세상의 명함은 결코 영원하지 못하다. 언젠가는 그 명함이 내 지갑에서 나와 쓰레기통에 버려지거나 책상 서랍 한구석에서 조용히 잠들게 될 것이다. 회사가 망할 수도 있고 나이가 들어 은퇴할 수도 있다. 그 명함은 결코 영원히 나를 대신하지 못한다. 잠시 내가 지나왔던 인생길에서 한 부분을 차지했음을 말해 줄 뿐이다. 그래서 왕으로서 세상의 온갖 부귀영화를 누린 솔로몬도 모든 것이 헛되다고 고백한 것이다.

> 전도자가 이르되 헛되고 헛되며 헛되고 헛되니 모든 것이 헛되도다 전1:2

'예수의 종'이라는 명함은 내가 구원을 받는 순간부터 내게 새겨지는 이름이다. 아름다운 향기로 상대방과 주변 사람들에게 전달되는, 세상에 둘도 없는 명함이다. 내가 변하지만 않는다면 그 향기는 영원히 내게서 뿜어져 나올 것이다. 머지않아 사라져 버릴 그런 명함이 아니다. 내 지갑에 있는 네모난 명함은 결코 나를 대표할 수 없다. 그것이 평생 나를 높여 줄 거라 착각해서는 안 된다. 영원히 사라지지 않을 그 명함, 바로 당신 안에 있다.

4 자신은 항상 옳은 것만을 바라보고 있다는 착각

내가 주만
바라보나이다!?

"아주머니!"

승용차 한 대가 바로 내 코앞으로 지나가는 모습을 보고 순간 나는 가슴이 철렁 내려앉았다. 신호등의 보행신호에 따라 횡단보도를 건너는 중이었는데 갑자기 승용차 한 대가 내 앞으로 휙 지나가는 것이었다. 운전석을 보니 40대 정도 되어 보이는 여성 운전자였는데 휴대전화로 통화를 하면서 두리번거리는 모습을 보니 어딘가를 찾는 것 같았다. 그래서 앞을 보지 않고 건물들이 있는 오른쪽만 보고 운전하다가 미처 신호와 횡단보도를 못 보고 지나친 것이다. 내가 조금만 빨리 건너갔더라도 그대로 치일 뻔한 아찔한 순간이었다.

운전할 땐 전방을 주시해야 한다. 한눈팔다가는 이 아주머니처럼 위험한 상황을 연출할 수도 있다. 휴대전화로 통화를 하면서 운전하는 것도 음주운전만큼이나 위험하다. 그 어떤 행동이 되었든지 운전을 할 때에는 딴짓하지 말고 앞만 바라보아야 한다.

하나님만 바라보다

그리스도인도 마찬가지다. 딴 데 한눈팔지 말고 하나님만 바라보아야 한다. 다른 곳에 한눈을 팔면 신앙생활에 문제가 생기고 사고가 터지기 때문이다. 하나님을 믿지 않는 사람들이라면 모르겠지만 하나님을 구주로 모신 사람들이라면 그분만을 바라보아야 하는 것은 당연한 일이다. 운전할 때 항상 전방을 주시해야 하는 것처럼 말이다.

한 가지 기억해야 할 것은 우리는 하나님을 봐도 좋고 안 봐도 좋은 분으로 생각해서는 안 된다는 사실이다. 기분이 좋으면 "하나님~" 하고 애교를 부리다가 안 좋은 일이 생기면 "에이씨!" 해서도 안 된다. 부활절, 성탄절, 수련회, 부흥회 때만 만나는 분으로 착각해서도 안 되고 교회에만 계신 분으로 오해해서도 안 된다. 그분은 기도실에서만 우리의 기도를 들으시는 분도, 예배당에서만 찬양을 받으시는 분도 아니시다. 따라서 우리의 시선은 시간과 장소에 상관없이 언제 어디서나 항상 하나님 한 분께만 고정되어 있어야 한다.

옆을 보면서 운전하는 사람은 없다. 앞을 보고는 있지만 전화를 하거나 네비게이션을 보면서 딴생각을 하는 사람들이 문제다. 운전에만 집중해야 하는 상황에서 비록 시선은 앞을 향해 있지만 머릿속은 딴생각으로 가득 차 있는 위험한 사람들 말이다. 그들은 공통적으로 말한다. 운전 1~2년 하냐고. 하지만 대형사고는 운전을 잘한다고 믿는 경력자들에게서 더 많이 일어난다.

그런 사람들처럼 때로는 '교회 일'과 '봉사', '사람의 일'에 집중하고 있으면서 그것이 하나님께 집중하는 것이라고 착각하는 사람들이 있다. 물론 교회에서 이런저런 일들로 섬기며 봉사하고 헌신하는 것은 신앙생활에서 무엇보다 중요하고 귀한 일이다. 그러나 그것이 하나님께 나아가는 것에 우선할 수는 없다. 그런데 교회에는 하나님이 아닌, 섬기고 봉사하는 일에 더 집중하는 성도들이 있다. 마르다가 그랬다.

지금 무엇을 바라보고 있는가

사람은 자신이 무엇을 보고 있는지에 따라 그 인생과 가치가 결정된다. 출퇴근 길에서 사람들이 무엇을 보고 있는지 살펴보면 그 사람이 어떤 사람인지 어느 정도는 파악이 가능하다. 전철을 타보면 사람들은 크게 세 부류로 나뉜다. 첫 번째, 스마트폰족이다. 통화를 하는 사람들은 물론이고 동영상을 보거나 음악을 듣고 게임을 하는 사람들이 있다. 얼마 전에는 사람 많기로 소문난 1호선 안에서 한 40대 남성이 야동을 보다가 뉴스에까지 나온 적이 있었다. 이어폰도 안 끼고 그 많은 사람들 속에서 야동을 봤다는 사실에 하루 종일 인터넷이 난리가 났을 정도였다. 그가 어떠한 인격을 가진 사람인지 굳이 말하지 않아도 알 것 같다.

다음은 취침족이다. 전철을 호텔 삼고 의자를 침대 삼아 자는 사람들. 사는 게 참 피곤하다 보니 이렇게라도 쉬는 이들이 어찌 보면 시간을 잘 활용하는 사람들일지도 모른다. 마지막으로 책을 읽는 사람들이다. 자기계발서, 소설 등 장르를 불문하고 책을 읽는 모습은 아름답다. 간혹 성경과 큐티지를 읽는 사람들도 보인다. 그런 사람들을 보면 반가운 마음에 말을 걸고 싶을 정도다. 100퍼센트라고 말하기는 어렵지만 그 사람의 신앙이 어떨지 짐작할 수는 있다.

당신은 지금 무엇을 보고 있는가? 하나님을 바라보고 있는가, 아니면 세상의 부와 성공만을 바라보고 있는가? 성경은 분명히 한 사람이 두 주인을 섬기지 못한다고 말한다. 하나님과 재물을 겸하여 섬기지 못한다고 말이다.

얼마 전에 텔레비전에 등장했던 광고 한 편이 있다. 운전 중 DMB 시청이나 휴대폰 통화를 하지 말자는 공익광고였는데, 이 광고의 주제는 운전 중 '멀티태스킹의 위험성'이라고 할 수 있다. '멀티태스킹'이라는 단어는 주로 컴퓨터를 사용할 때 많이 등장한다. 워드 작업을 하면서 음악을 듣는다든지 인터넷 브라우저를 띄워 놓고 그래픽 작업을 한다든지 한 번에 두 가지 이상의 작업을 할 때 '멀티태스킹을 한다'고 말한다. 이 광고에서는 고객 상담을 하면서 보고서를 작성하는 비즈니스맨, 요가를 하면서 텔레비전을 시청하는 여성, 운전을 하면서 DMB를 보는 운전자 등이 등장하는데 결국 이 운전자는 앞 차를 들이받고 만다.

인간은 기본적으로 한 번에 한 가지 이상의 일을 할 수는 없다. 비즈니스 코치이자 '프레시 주스' 전략의 창시자인 데이비드 크렌쇼는 다음과 같이 말했다.

> 멀티태스킹은 거짓말이 맞습니다. 그런데도 숨 가쁘게 돌아가는 이 세상 사람들 대다수가 그걸 진실이라고 믿고 있죠. 우리는 삶의 방식의 하나로 멀티태스킹을 선택했습니다. 멀티태스킹을 잘한다고 뽐내기까지 하죠. 하지만 그런 방식은 실상은 존재하지도 않고 효율적이지도 않습니다.•

그러면서 멀티태스킹은 진짜 '멀티태스킹'이 아니라 '스위치태스킹'이라고 강조한다. 두 가지 업무를 놓고 스위치를 이쪽저쪽으로 누르듯이 왔다 갔다 하는 것인데, 그 속도가 너무 빨라서 알아차리지 못할 뿐이라는 것이다. '스위치태스킹'을 '멀티태스킹'이라 착각하는 것뿐이다. 예를 들어 요즘 런닝머신에서 달리기를 하면서 음악을 듣거나 텔레비전을 시청하는 사람들이 있다. 바쁜 생활 속에서 그 시간을 아주 효율적으로 활용하는 것처럼 보인다. 하지만 그럴 경우 운동 효과는 별로 없을 뿐만 아니라 부상의 위험도 높다고 한다.

그리스도인들도 하나님과 세상을 동시에 사랑할 수 있다고 생각하며 산다. 세상을 사랑했다가 하나님을 사랑했다가 하면서 자신은 신앙생활을 잘하고 있다고 착각하는 것이다. 단지 주일예배 때 잠시 정신이 돌아와서 하나님을 사랑하려고 노력하는 것이다. 물론 그러한 정성 역시 귀하다. 세상만을 사랑하는 것보다는 낫기 때문이다. 하지만 세상을 사랑할 땐 하나님을 사랑할 수 없다. 하나님과 세상을 동시에 바라볼 수 없으며 좋은 두 주인을 섬길 수 없다.

생각하는 것을 보고, 보는 것을 생각한다

사람은 자신의 머릿속에서 생각하는 것과 관련된 것을 주로 보는 경향이 있다. 생각하는 것을 중심으로 사물을 바라볼

• 데이비드 크렌쇼, 《멀티태스킹은 없다》, 이경아 옮김(아롬미디어, 2009), 29면.

뿐만 아니라, 보는 것을 중심으로 생각이 모아지기도 한다. 우리가 잘 아는 맹모삼천지교(孟母三遷之敎)가 좋은 예다.

어려서부터 무엇을 보고 자랐는지에 따라 한 사람의 인생이 좌우된다. 부모가 자녀를 위해 축복기도를 해주고 성경을 읽어 준다면 그 아이의 인생은 하나님이 지키시고 보호하신다. 그와 반대로 자녀 앞에서 부부가 술 마시고 싸움을 한다면, 무슨 수를 써서라도 돈만 많이 벌면 그만이라는 모습을 보여 준다면 그 아이의 인생은 쉽지 않을 것이다. 그런 아이들은 설령 비싼 과외를 시켜서 좋은 대학을 갔다 하더라도, 좋은 직장에 들어가고 사회적으로 성공한다 하더라도 마음속의 어둠과 상처에서 벗어나기 어려울 것이다.

종합편성채널에서 방영한 〈유나의 거리〉라는 드라마가 있었다. 여주인공은 소매치기를 하며 생활하는데 그 아버지 역시 전국적으로 유명한 소매치기였다. 어린 시절 놀이공원에 갔다가 갑자기 사라진 아빠를 찾고 있었는데 그때 아빠가 다른 사람들의 지갑을 훔치는 것을 보게 되었다. 그러고는 아무런 죄의식 없이 자신도 그대로 따라 하게 되었고 결국 그녀도 소매치기가 된 것이다.

한 연구 결과에 따르면 한국인의 5퍼센트 정도가 음란물 중독으로 추산된다고 한다. 또한 음란물을 자주 보는 청소년의 경우 성범죄를 저지를 가능성이 높다는 연구 결과도 있다. 눈으로 보면 보는 것으로 그치지 않고 행동으로 옮기고 싶어진다. 텔레비전에서 라면을 먹는 장면이 나오면 이상하게 라면이 먹고 싶어진다. 그게 사람이다.

그리스도인이 바라보아야 하는 것

그렇다면 우리는 무엇을 바라보아야 하는가?

첫 번째는 하나님이다. 하나님을 바라보는 것, 이것은 그리스도인에게는 당연하고도 중요하다. 하지만 많은 사람들이 하나님을 바라보지 않는다. 가끔 일주일에 한 번 정도, 조금 잘하는 사람들이 아침에 묵상의 시간을 가지는 것으로써 하나님을 바라본다고 생각한다. 하지만 그것은 진정으로 하나님을 바라보는 것이 아니다. 하나님을 사랑한다면 늘 그분을 의식하면서 살아야 한다. 그것이 하나님을 바라보는 것이다. 사랑하는 사람을 일주일에 한 번 만나는 것으로 사랑한다고 말하지는 않는다. 물론 여러 상황으로 인해 어쩔 수 없이 그럴 수는 있지만 정상적인 연인 관계라면 매일 만나고 싶고 그럴 수 없다면 최소한 통화라도 할 것이다. 그 사람만 보이고 다른 것은 눈에 들어오지 않는다. 그게 사랑이다.

하나님을 사랑하는데 그분과 대화하는 시간인 기도가 게을러질 수 없다. 정 시간이 없으면 운전하면서도 기도할 수 있고 화장실에서도 얼마든지 가능하다. 또한 그분의 말씀이 기록된 성경을 손에서 놓을 수 없다. 그분이 무엇을 말씀하실지 궁금하기 때문이다. 오늘은 또 어떤 말씀으로 나에게 속삭이실지 모르기 때문이다. 하나님의 말씀이 우리 영혼에 들어오기 시작하면 가슴을 울리는 시나 영화의 명대사는 귀에 들리지도 않는다. 그것이 나쁘다는 말이 아니라 하나님의 말씀이 더 달콤하고 영혼을 울리기 때문이다.

우리가 바라보아야 할 또 하나의 대상은 우리의 이웃이다. 가족을 포함해서 직장의 동료들, 친척들, 친구들을 주의 깊게 바라보아야 할 필요가 있다. 그들에게 잘 보이기 위해서도 아니고 아부를 하고자 함도 아니다. 그것은 주의 명령이기 때문이다.

> 온 율법은 네 이웃 사랑하기를 네 자신같이 하라 하신 한 말씀에서 이루어졌나니 갈 5:14

> 원수를 갚지 말며 동포를 원망하지 말며 네 이웃 사랑하기를 네 자신과 같이 사랑하라 나는 여호와이니라 레19:18

이로 인해 우리는 때로 오해를 살 수도 있고 다른 믿는 사람들로부터 손가락질 받을 수도 있다. 하지만 하나님께서는 이 모든 것을 결국에 다 해결해 주신다.

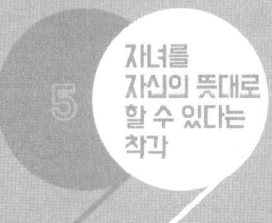

5 자녀를 자신의 뜻대로 할 수 있다는 착각

이게 다 널 사랑해서 그러는 거야!

'가출한다고 한 달이나 딸 쇠사슬 묶어'

얼마 전 뉴스를 보다가 충격적인 사건 소식을 접하게 되었다. 40대의 아버지가 중학생인 자신의 딸을 쇠사슬로 묶고 집에 감금했다는 내용이었다. 평소 가출이 잦았던 딸의 버릇을 고치기 위해 딸의 손과 발을 쇠사슬로 묶은 뒤, 양손과 양발을 자물쇠 여섯 개로 채워서 자신의 집에 감금했다는 것이다. 혼자 딸을 키우던 이 아버지는 평소에 딸이 가출을 일삼으며 크고 작은 문제를 일으키고는 했는데, 아무리 말로 타일러도 듣지 않자 이런 일을 벌였다는 것이다.

자녀를 키우다 보니 정말 어려운 것이 자식이라는 생각이 든다. 특히 커가면서 반항하는 말투와 행동을 보이는 아이를 볼 때 더욱 뼈저리게 느껴지는 부분이다.

감람나무 같은 자녀들

다행스럽게도 성경은 이렇듯 귀한 자녀들을 양육하는 데 필요한 중요한 기준을 제시하고 있다. 자녀를 노엽게 하지 말라는 것이다.

> 또 아비들아 너희 자녀를 노엽게 하지 말고 오직 주의 교훈과 훈계로 양육하라 엡 6:4

이 말씀은 자녀들을 대할 때 말이나 행동에 주의를 기울여야 한다는 사실을 말해 준다. 부모는 자녀들에게 버릇을 고친다는 이유로 지나치게 엄격하게 대하거나, 부모의 관점으로 무리한 요구를 해서도 안 된다. 또한 많은 부모들이 저지르기 쉬운 실수 가운데 하나가 부모로서의 권위 남용이다. 이러한 실수를 방지하기 위해서는 항상 자녀의 눈높이에서 생각하고 이해하도록 노력해야 한다. 그뿐 아니라 부모의 바람이 아닌, 자녀가 원하는 것이 무엇인지에 대해서도 깊은 관심을 가져야 한다.

그런데 대한민국의 많은 부모들이 자녀를 노엽게 한다. 특히 학업 성취에 대한 스트레스를 많이 준다. 〈사교육걱정없는세상 교육통계센터〉에서 공개한 자료에 따르면 '청소년이 자살을 생각하는 이유' 가운데 가장 큰 비율을 차지하는 것은 바로 학교 성적(40.4%)이었으며, '가족간의 갈등'(28%)이 그 뒤를 이었다.•

오직 주의 교훈과 훈계로 양육하는 게 아니라 오직 학원과 숙제로 억압하는 것이 요즘의 부모들이다. 그래서 많은 부모들이 자녀들을 마치 로보트나 종처럼 생각하고 자신의 뜻대로 움직여 주기를 바란다. 자신의 말을 듣지 않으면 소리를 지르며 혼낸다. 그러면서 "이게 다 널 위해서야!", "널 사랑하기 때문에 그러는 거야!"라는 말을 애써 강조한다. 물론 부모들이 그렇게 말하는 것은 진심일 것이다. 부모가 자녀를 혼낼 때에는 다 이유가 있기 때문이다.

• http://data.noworry.kr/25.

아이들이 키도 크고 건강하게 자라기를 바라는 마음에 밥을 잘 먹으라고 혼낸다. 커서 좋은 대학교에 입학하고 성공하기를 바라는 마음에 초등학교, 아니 유치원부터 공부하라고 닦달한다. 그래서 2~4학기 정도는 미리 공부하는 선행학습이 거의 기본으로 자리 잡았다. 심지어 뱃속에 있을 때부터 영어 동요나 동화를 틀어 놓기도 한다. 태아가 알아듣기나 할까?

누구를 위한 교육인가

하지만 우리는 그것이 정말 자녀들을 위한 것인지는 고민하지 않는다. 아이들의 특성과 성격, 장점들에 대해서는 무시한 채, 세상의 일반적인 성공 공식을 억지로 대입하려 한다. 특히 부모들이 자녀들을 혼내는 내용들을 자세히 살펴보면 아이들을 위한 것이 아니라 부모들을 위한 것일 때가 더 많다.

우리 둘째 아이는 치마를 입는 걸 상당히 좋아한다. 그래서 아침에 유치원에 갈 때면 치마만 입으려고 애를 쓴다. 매일 치마를 입다 보니 미처 빨래를 못한 날이면 자기 언니 치마를 마음대로 꺼내 입다가 언니와 다투기도 한다.

하루는 체육을 하는 날인데도 치마를 입고 가려고 했다. 평상시 같으면 입고 가라고 했겠지만 체육을 하는 날에는 다른 친구들이 모두 같은 체육복을 입고 오기 때문에 혼자만 치마를 입으면 놀림을 당할 것 같았다. 그래서 잘 타이르고 바지를 입으라고 했더니 말을 듣지 않는 것이었다. 유치원 차가 도착할 시간이 거의 다 되어서 결국에는 심하게 혼내서 체육복을 입혀 보냈다. 그랬더니 눈물이 그렁그렁한 채 시무룩해져서 유치원 차에 올랐다.

그 일이 있고 얼마 안 되어 아내가 유치원 선생님과 정기 학부모 상담을 했다. 다행히 둘째 아이가 흠잡을 데 없을 정도로 학업 태도나 친구관계 등에 아무런 문제가 없다고 했다. 유치원 생활을 잘하고 있다고 하니 안심이 되었다. 그런데 한 가지, 옷 입는 것 때문에 스트레스를 가끔 받는 것 같다고 했다. 자기 마음에 들지 않는 옷을 억지로 입고 온 날이면 하루 종일 시무룩해서 늘 먼저 손을 들고 발표를 잘하던 아이가 발표도 대답도 잘 안 한다는 것이다.

그래서 유치원 선생님 의견은 원하는 옷을 입고 갈 수 있도록 허락해 주라는 것이다. 심지어 한겨울에 반팔을 입고 한여름에 오리털 파카를 입고 가더라도 그대로 내버려 두라는 것이다. 한겨울에 추워서 고생을 하면 다음에는 자기가 알아서 긴팔 옷을 챙겨서 입고 온다는 것이다.

미국에서는 부모들이 자녀들의 옷에 관여를 하지 않는다고 한다. 무슨 옷을 입든지 자기가 알아서 하도록 내버려 둔다는 것이다. 그것이 옳다는 생각에 나도 웬만하면 옷 문제로 아이들을 혼내지 않는 편이다. 하지만 아침에 아이들이 지각할까 봐, 친구들에게 놀림을 받고 따돌림을 당할까 봐 옷 투정을 부리면 심하게 혼내고 빨리 나가는 데에만 온 신경을 쓰곤 했다. 표면적으로는 아이를 위해서 그런 행동을 한 것이다. 하지만 정말 아이를 위한 일은 아니었다.

물론 약속 시간을 잘 지키도록 교육하는 것은 중요한 일이다. 하지만 그보다 더 중요한 건 아이들의 마음이다. 최대한 아이들이 입고 싶은 옷을 입고 갈 수 있도록 배려해 준다면 옷 투정을 부릴 일도, 지각할 일도 없을 것이다. 그리고 무엇보다 아이들이 즐거운 마음으로 공부도 잘하고 하루를 기분 좋게 보낼 수 있을 것이다. 약속을 지켜야 한다는, 겨울에는 긴 팔을, 여름에는 반팔을 입어야 한다는 부모의 고정관념을 떨쳐 버리고 자녀들의 입장에서 아이들이 만족할 수 있는 선택을 하게 해주어야 한다.

주의 교훈과 훈계로 양육하라

그런데 대부분의 아빠와 엄마들은 자신이 배워 온 방식으로 자녀들을 양육하려 한다. '이것이 좋다', '저것이 나쁘다'는 식으로 아이들의 자율성을 배제하고 부모의 말이 법인 것처럼 말이다. 그렇게 자녀들을 자신들의 권위 아래 두려 한다. 그래야 아이들 키우기가 편하기 때문이다. 겉으로는 아이들을 위한 것이라고 말하면서 말이다.

그 대표적인 예가 바로 스마트폰이다. 요즘 마트나 식당 같은 곳에 가보면 아이들 앞에 스마트폰이나 태블릿 PC가 놓여 있는 것을 어렵지 않게 볼 수 있다. 나름 교육적인 차원에서 어린이용 만화영화를 틀어 주거나 게임을 하게 하는 부모들도 있다. 아이들 손에 스마트폰만 쥐여 주면 모든 것이 해결되기 때문이다. 울지도, 보채지도 않는다. 깔깔대며 즐거워한다. 왔다 갔다 뛰어다니지도 않는다. 거기에 교육적인 효과까지 더해진 다고 생각하니 그것만큼 유익한 것도 없는 것 같다. 하지만 그 내면을 들여다보면 아이들을 위해서라기보다는 편하게 아이들을 돌보기 위한 부모들의 꼼수일 때가 많다.

19대 국회의원이자 세브란스병원 소아청소년정신건강의학과 전문의인 신의진 교수는 《디지털 세상이 아이를 아프게 한다》(북클라우드 간)에서 디지털 기기의 심각성에 대해 지적했다. 디지털 기기는 4세 아이들의 창의력과 사고력을 제한하고, 7살 어린이에게는 집중력을 퇴화시키며 9살에게는 고요한 독서 세계를 말살시킨다고 보고했다. 어린이들에게는 한마디로 백해무익한 것이 바로 디지털 기기라는 것이다. 특히 영유아에게는 뇌에 치명적인 후유증을 남길 수 있으므로 디지털 기기를 완전히 격리시켜야 한다고 주장하고 있다.

디지털 기기를 치워야 한다. 그래서 부모가 편한 교육에서 벗어나야 한다. 부모가 조금 힘들고 불편하더라도 진정으로 자녀의 유익을 위한 교육이 이뤄져야 한다. 그리고 더 나아가 주의 '교훈'과 '훈계'로 양육해야 한다. 부모는 주의 교훈과 훈계로 양육하여 그리스도인다운 삶의 방식을 가르쳐서 자녀들이 그리스도 안에서 성숙할 수 있도록 도와주어야 한다.

예를 들면 날마다 아이들을 위해 축복기도를 해주면 좋을 것이다. 목사도 아닌데 어떻게 축복기도를 해주냐고 묻는 사람도 있다. 하지만 목회자가 아니어도 전혀 문제될 것이 없다. 자기 자녀를 위해 기도해 주는 것이 목회자에게만 주어진 특권은 아니다. 오히려 믿는 부모로서 당연히 해야 할 특권이자 의무다.

자기 전에 성경을 같이 읽는 것도 좋다. 책을 많이 읽는 것이 아이들의 교육에 얼마나 중요한지는 굳이 설명할 필요가 없을 것이다. 그러나 그보다 더 중요한 것이 성경을 읽어 주는 것이다. 아이들을 위한 이야기 성경이나 우리말 성경이 도움이 된다. 같이 찬양을 부르고 함께 율동을 하는 것도 좋다. 아이들에게 노래와 춤만큼 신나는 것도 없다. 그 모든 것이 아이들에게는 평범한 놀이이고 일상의 일이겠지만 보이지 않는 엄청난 믿음과 축복이 쌓여 가고 있다는 사실을 기억해야 한다. 여기에는 엄마와 아빠의 구별이 있을 수 없다.

아버지는 100인의 선생보다 낫다

자녀들을 양육한다고 말할 때에는 엄마들의 역할만 강조될 때가 많다. 하지만 결코 그렇지 않다. 앞서 살펴본 에베소서 6장 4절을 다시 한 번 보자.

> 또 아비들아 너희 자녀를 노엽게 하지 말고 오직 주의 교훈과 훈계로 양육하라 엡 6:4

이 말씀을 자세히 살펴보면 '어미들아', '부모들아'라고 하지 않고 '아비들아'라는 표현을 사용했다. '아비들'이 '부모'를 대표하는 단어로 사용되었다는 견해도 있다. 하지만 같은 장 1,

2절에서는 분명히 '부모' 또는 '아버지와 어머니'라고 기술한 점으로 보아 4절의 '아비들'이라는 단어는 아버지가 한 가정의 가장이자 자녀 교육에 중요한 책임이 있음을 시사하고 있다.

영국의 시인이자 성직자인 조지 허버트는 "한 사람의 아버지가 백 사람의 선생보다 낫다"고 했다. 그만큼 자녀 교육에서 아버지의 역할이 중요하다는 말이다.

그렇다고 해서 어머니의 역할이 중요하지 않다는 건 아니다. 아버지는 아버지로서의 역할이 있기 때문에 어머니에게만 양육과 교육에 대한 모든 책임을 떠넘기려는 태도는 버려야 한다는 의미다.

물론 남편들의 입장에서 힘든 직장생활을 하다 보면 아이들과 함께하는 시간이 부족하다고 말할 수 있다. 하지만 아이들과 얼마나 많은 시간을 보냈느냐 하는 것보다는 얼마나 집중했느냐가 중요하다. 한마디로 얼마나 영양가 있는 시간을 보냈느냐가 관건이다. 아이들과 놀아 준다고 하면서 장난감 몇 개 던져 주고 아빠는 스마트폰만 보고 있다면 몇 시간을 같이 있어 줘도 아무 의미가 없다. 블록을 같이 맞춰 가면서, 몸으로 함께 뒹굴면서 보내는 20~30분의 시간이 훨씬 더 의미 있다.

돈만 많이 벌어다 준다고 아버지의 역할을 다했다고 착각해서는 안 된다. 좋은 옷과 필요한 선물들, 맛있는 것을 사주는 것도 물론 중요하지만 자녀들은 아빠와의 친밀한 사귐을 원하고 있다. 그런데 아빠들은 그런다. "아빠가 누구 때문에 이렇게 맨날 열심히 일하는 줄 알아? 다 너희들을 위해서야!"라고. 물론 그 말이 틀린 것은 아니지만 진짜 자녀를 위한다면 하루 가운데 한 시간 정도는 함께할 수 있지 않을까? 그래 봐야 24시간을 기준으로 보면 5퍼센트도 안 되는 시간이다. 말뿐이 아니라, 진심으로 자녀들을 사랑한다면, 사랑하는 아들딸을 위해서 그 정도 시간은 내줄 수 있어야 하지 않을까?

자녀는 부모의 소유가 아니다

어느 부모나 다 자녀를 사랑한다고 말한다. 혼내면서도, 체벌을 가하면서도, 소리를 지르면서도 이 모든 것이 사랑하기 때문이라고 힘주어 강조한다. 그러고는 부모의 말대로 자녀들이 따르지 않으면 말 안 듣는 나쁜 아이로 낙인 찍고 자신이 원하는 인간으로 고치려 애쓴다. 물론 자녀들이 잘되기를 바라는 마음에서 그럴 수밖에 없는 부모의 마음도 이해가 안 되는 것은 아니다.

그러나 다시 생각해 보자. 사랑한다는 이유로 강압적인 공부를 시켜야 하는지, 꼭 먹기 싫은 걸 억지로 먹여야 하는지 말이다. 무조건 부모의 말과 행동이 옳은지도 고민해 봐야 한다. 자녀들은 인형도 로보트도 아니다. 주인 마음대로 먹이고 꾸며 주고 갖고 노는 그런 대상이 아니라는 말이다.

자녀들은 부모의 소유가 아니다. 하나님께서 우리가 이 땅에 있는 동안 맡기신 귀한 생명이다. 그러므로 자녀들을 양육할 때 우리는 인간의 뜻과 욕심, 가치관에 따를 것이 아니라 하나님의 교훈과 훈계로 양육해야 한다. 자녀들은 결코 부모의 마음대로 움직여야 하는 존재가 아니다. 지금까지 그렇게 자녀들을 양육해 왔다면 지금이라도 조용히 그 착각을 내려놓아야 한다.

삶에 관한 5가지 착각

자신은
아무것도
갖지 못했다는
착각

이 모든 것을,
누려~

〈개그콘서트〉는 수많은 코너들이 새로 등장했다가 사라지고는 하는데 그 가운데 기억나는 것이 하나 있다. 바로 '누려~'라는 코너다. 김밥집, 생선가게, 옷가게 등 작은 사업을 하던 부부가 열심히 노력한 끝에 큰돈을 벌어 성공한 후, 고급 레스토랑에 방문해서 일어나는 에피소드를 그리고 있다. 그들이 과거 시절의 습관에서 벗어나지 못하고 고급 레스토랑에서도 이전 방식대로 행동하고 말하는 모습이 웃음을 주곤 했다.

그 코너가 기억에 남은 이유는 그들의 말과 행동 속에서 그리스도인들의 모습이 보였기 때문이다. 자신이 얼마나 많은 것을 가진 자인지 미처 깨닫지 못하는 그리스도인들, 그 부부처럼 자신에게 주어진 특권을 제대로 누리지 못하는 그런 그리스도인들 말이다.

이 모든 것을 누려~

그리스도인들은 무엇을 누리지 못하고 사는 걸까? 그렇다면 무엇을 제대로 누려야 하는 것일까? 그에 대한 해답이 전도서 9장에 나와 있다.

❶ 먹고 마시는 것을 누려~

전도서 기자는 가장 먼저 먹고 마시는 즐거움을 누리라고 말한다.

너는 가서 기쁨으로 네 음식물을 먹고 즐거운 마음으로 네 포도

주를 마실지어다 이는 하나님이 네가 하는 일들을 벌써 기쁘게 받으셨음이니라 전 9:7

'음식물을 먹고 포도주를 마신다'는 말은 아주 잘 차려진 식사를 묘사하는 말이다. 이 말씀을 자세히 보면 '네' 음식물을 먹고 '네' 포도주를 마시라고 되어 있는데 이는 하나님께서는 이미 우리에게 그러한 풍성한 식사를 할 수 있는 여건을 주셨다는 뜻이다. 아무것도 안 주시고 "먹어, 많이 먹어" 하시는 게 아니라 충분히 공급해 주시고 그것을 먹고 마시라고 하시는 것이다. 그러니 우리는 '기쁨으로' 그것을 먹고 '즐거운 마음으로' 마시면 된다. 이것은 물론 쾌락주의를 의미하는 것은 아니다. 하나님께서 우리에게 허락하신 것들을 기쁨으로 누리라는 의미로 받아들여야 한다.

그런데 기독교 신앙을 금욕주의적인 것으로 오해하고 있는 사람들이 종종 있다. 기독교가 고난의 종교이며 또 금식기도와 같은 것들을 자주 언급하는 데서 오는 문제라고 본다. 하지만 기독교는 금욕주의가 아니다. 우리에게 허락된 범위 안에서 그것들을 마음껏 누리고 즐기는 것을 하나님께서 이미 기쁘게 받으셨다는 사실을 기억해야 한다. 예수님도 "먹기를 탐하고 포도주를 즐기는 사람"이라고 불렸을 정도로 먹고 마시는 일을 즐기셨다.

인자는 와서 먹고 마시매 너희 말이 보라 먹기를 탐하고 포도주

를 즐기는 사람이요 세리와 죄인의 친구로다 하니 눅 7:34

항간에 떠도는 말로 목사를 '먹사'라고 부르기도 한다. 심방을 가면 점심이나 저녁을 두 번씩 먹을 때도 있고 커피를 연거푸 몇 잔씩 마시는 경우도 있다. 그래서 목사들에게는 먹는 사역이 가장 중요하다는 말들도 한다. 그만큼 그리스도인들에게 먹고 마시는 일은 중요한 사역의 하나이며 전도하거나 대화를 나눌 때에도 아주 요긴한 방법으로 활용되기도 한다.

그렇다고 해서 꼭 고급 레스토랑에 가서 스테이크를 썰고 한정식집에 가서 상다리가 부러질 정도의 진수성찬을 먹으라는 뜻은 아니다. 음식물의 내용이 무엇인지가 중요한 것이 아니라 그저 함께 만나 먹고 마시며 우리의 삶이 하나님께로부터 왔다는 사실을 깨닫는 것이 중요하다. 그들이 바로 믿음의 사람들이다.

나는 수년간 ㈜SK 신우회 예배 때 말씀을 전했다. 점심 시간에 모였기 때문에 예배를 드린 후 직원 식당에서 같이 식사를 했다. 몇만 원씩 하는 비싼 레스토랑은 아니지만 좋은 사람들과 함께하기에 그 어떤 식사보다도 맛있었다. 불편한 사람들과 마주 앉아서 1++A등급의 한우를 먹는 것보다 직원 식당에서 신우회 지체들과 즐겁게 식사를 하는 것이 더 좋았다.

사랑하는 가족, 믿음의 동역자들, 회사 동료들, 그리고 당신이 아는 모든 사람들과 함께 하나님께서 허락하신 좋은 음식들을 마음껏 누리는 것이 큰 기쁨이다. 이미 우리에게 주어진 그런 좋은 음식들을 마음껏 먹고 마시는 것을 누리는 삶, 그것이 그리스도인들에게 허락된 특권이다.

❷ 멋진 삶을 누려~

이어서 전도서 기자는 독자들로 하여금 자신의 옷을 항상 희게 만들고 머리에 기름을 그치지 않도록 할 것을 권면하고 있다.

> 네 의복을 항상 희게 하며 네 머리에 향 기름을 그치지 아니하도록 할지니라 전 9:8

향 기름은 향유, 오늘날로 말하면 향수라고 할 수 있다. 당시에 흰 옷과 기름은 축제에 주로 사용되었다. 물론 축제에 참석하는 것이니만큼 좋은 옷으로 멋지게 치장하고 나갔을 것이다. 그래서 표면적으로는 우리의 외모를 가꿀 필요가 있다는 의미로 받아들일 수 있다. 예수를 믿기에 자기를 부인하고 욕망을 절제한다는 이유로 우리의 외모까지 허름하게 하고 다닐 필요는 없다. 오히려 예수를 믿을수록 더 아름답게 자신을 꾸밀 줄 알아야 한다. 그것은 명품으로 치장을 하고 화려하게 꾸미라는 것이 아니라 깨끗한 옷, 정성들인 옷을 의미한다.

하지만 사실 이 명령의 핵심은 외모적인 것보다는 기쁨과 축제의 마음을 계속 유지하라는 데 있다. 우리가 보내는 하루하루의 일상을 특별한 시간으로 만들고 축제처럼 즐기라는 말

이다. 우리가 누리고 있는 모든 삶을 기쁨의 시간, 축제의 시간
으로 바꿀 수 있어야 한다는 것이다. 그래서 사도 바울은 이렇
게 권하고 있다.

> 주 안에서 항상 기뻐하라 내가 다시 말하노니 기뻐하라 빌 4:4

신앙은 결코 심각하고 무거운 것이 아니다. 우리의 인생은
금욕주의로 가득 찬 삶도 아니다. 주님께서도 금욕주의를 강조
하신 것이 아니라 오히려 삶을 즐기라고 하셨다. 우리 삶을 누
리며 사는 것, 의복을 희게 하며 기름을 바르고 날마다의 삶이
축제가 되어 기쁘고 즐겁게 사는 것, 그것이 하나님께 영광을
돌리는 삶이다.

❸ 결혼의 복을 누려~

세 번째는 전도서 9장 9절에 나오는 것처럼 결혼의 기쁨을
누려야 한다.

> 네 헛된 평생의 모든 날 곧 하나님이 해 아래에서 네게 주신 모든
> 헛된 날에 네가 사랑하는 아내와 함께 즐겁게 살지어다 그것이
> 네가 평생에 해 아래에서 수고하고 얻은 네 몫이니라 전 9:9

난 처음 이 말씀을 접했을 때 충격을 받았다. 내가 평생에
해 아래에서 수고하고 얻은 내 몫이 바로 아내라니. 아내의 가

치가 내가 직장생활 할 동안의 모든 월급 정도가 아니라 평생에 해 아래에서 수고하고 얻은 몫이라니, 얼만큼 귀한 존재인지 다시 한 번 생각하게 되었다.

그런데 적잖은 부부들이 서로를 귀하게 여기기는커녕 오히려 귀찮게 여긴다. 주변에 결혼한 부부들의 이야기를 들어 보면 그냥 마지못해 사는 경우도 많다고 한다. 어떤 집은 부부싸움을 안 한다기에 대단하다고 생각했는데 그 내막을 듣고 보니 그게 아니었다. 서로 금슬이 좋아서가 아니라 관심이 없으니 싸울 일이 없다는 것이다. 싸운다는 건 그래도 애정이 남아 있다는 증거라는 말이다.

어디 그뿐인가? 남편들은 물론 아내들 사이에서도 배우자 외에 애인이 없으면 바보라는 말도 있다. 그냥 농담 삼아 하는 말인 줄 알았는데 주변의 믿지 않는 남자들의 말을 들어 보니 정말 애인 없는 사람들이 별로 없었다. '오피스 와이프'네 뭐네 하는 말들이 그냥 나오는 말은 아닌가 보다. 세상 참 무섭다.

그리스도인들은 가정의 평화를 위해 더욱 노력해야 한다. 가정에 불화가 생기면 남편과 아내는 물론 그 자녀들에게까지 피해가 가기 마련이다. 그런데 부부싸움은 정말 사소한 것에서 시작된다. 잔소리 한 마디, 무시하는 어조로 인해 서로가 상처를 받고 갈등을 겪게 된다. 심지어 이혼에까지 이르기도 한다.

하지만 반대로 생각해 보면 칭찬 한 마디나 사랑 표현으로 부부는 너무나도 큰 행복을 느낄 수 있다. 남편들이여, 성경은 우리에게 인생 모든 날에 아내와 즐겁게 살라고 가르친다. 그것이 남자들이 평생 수고하고 얻은 몫이라고 말이다. 그러니 아내를 그 누구보다, 그 무엇보다 소중히 여겨야 한다. 가깝고 편하다고 있는 듯 없는 듯 무시하면 안 된다. 더욱 존중하고 배려하고 아내가 하는 이야기에 귀를 기울여야 한다.

사실 남편들이 아내의 말을 귀 기울여 듣는다는 것이 정말 쉽지 않다. 얼마 전 오랜 친구를 만나 식사하며 이야기를 나누었다. 이런저런 대화를 나누다가 아내에 대한 이야기가 나왔다. 아내를 사랑하지만 이야기를 들어주는 것이 참 힘들다고 말이다. 언젠가 퇴근 후 컴퓨터를 보고 있던 그 친구에게 아내가 다가와 아이들 교육 문제에 대해 열변을 토했다고 한다. 그 친구는 그냥 형식적으로 "응"이라는 대답만 반복하고 있었는데 갑자기 아내가 버럭 화를 내면서 "당신은 내 말을 도대체 듣는 거야 안 듣는 거야!" 하면서 문을 쾅 닫고 나가 버렸다는 것이다. 친구의 아내는 이야기를 하면서 친구의 의견을 물었는데 그냥 영혼 없이 "응"이라고만 대답하니까 화가 나서 나가 버린 것이었다.

친구는 오히려 아내의 그런 행동이 이해되지 않는다며 고개를 저었다. 자기는 열심히 컴퓨터를 보고 있는데 와서 말을 시킨 것도 마음에 안 들었지만, 나름대로 대답도 잘 해주었는데 갑자기 화를 내며 나가 버리니 도대체 뭐가 문제인지 모르겠다며 투덜거렸다.

아내들도 별반 다르지 않다. 남편을 내 남편이기 이전에 한 인간으로, 한 남자로서 받아들여야 한다. 남편에게 가장 필요한 건 잔소리가 아니라 아내의 사랑스러운 손길과 존경하는 마음이다. 그렇다고 괜히 핑크색 슬립을 입고 여기저기 향수 뿌리면서 윙크를 남발하지는 말자. 갑작스런 행동 변화에 오히려 역효과를 낼 수도 있다.

가정에서 아내에게 사랑과 존경을 받지 못하는 남편은 세상에서 당당하게 살아가지 못한다. 남편은 아내 없이는 살아갈 수 없는 존재이기 때문이다. 남편이 아니라 '웬수'라고 외치는 아내들, 사랑이 없는데 어떻게 사랑하냐고 하는 남편들, 그럴수록 서로 그리스도의 사랑으로 품어 주어야 한다. 당신의 아내가 바로, 살아가는 동안 선물로 받은 당신의 '몫'이기 때문이다.

❹ 일할 수 있는 복을 누려~

마지막으로 우리가 누려야 할 선물은 바로 일할 수 있는 복이다. 성경은 우리 손이 일을 얻는 대로 힘을 다하여 하라고 말한다.

> 네 손이 일을 얻는 대로 힘을 다하여 할지어다 네가 장차 들어갈 스올에는 일도 없고 계획도 없고 지식도 없고 지혜도 없음이니라
> 전 9:10

유대인은 노동을 아주 귀한 복으로 여겼다. 그래서 '자식에게 노동하는 것을 가르치지 않는 것은 도둑질을 가르치는 것'이라고 생각했을 정도다. 일도 없고 계획도 없고 지식도 없고

지혜도 없는 곳이 바로 지옥이다. 일하기를 싫어하는 사람들을 향해 사도 바울은 이렇게 말했다.

> 우리가 너희와 함께 있을 때에도 너희에게 명하기를 누구든지 일하기 싫어하거든 먹지도 말게 하라 하였더니 살후 3:10

일을 할 수 있다는 것은 삶의 커다란 축복이다. 직장이 있다는 것이 얼마나 행복한가? 아침에 눈을 떠 비록 피곤하고 졸리지만 발길을 옮길 수 있는 직장, 내가 일할 수 있는 그곳이 있다는 사실만으로도 당신은 행복한 사람이다. 지옥에는 일도 없고 계획도 없다. 일을 하지 않고 아무런 계획도 없이 살아가는 인생은 지옥에 있는 것과 다를 바가 없다.

얼마 전에 시내에 볼일이 있어서 전철을 타고 을지로입구역에 내렸다. 밖으로 나가려고 계단을 올라가는데 계단과 그 주변에 노숙인 여러 명이 누워서 자거나 계단에 멍하니 앉아 있는 모습이 보였다. 낮이고 밤이고, 평일이고 주말이고 바쁘게 살아가는 직장인들에게 그들의 한가로운 모습은 어쩌면 부럽게 느껴질지도 모르겠다. 하지만 그들을 부러워할 사람은 아무도 없다.

노숙인들도 저마다 이야기 한 보따리쯤은 가지고 있을 것이다. 하지만 아무것도 하지 않고 시간을 그냥 그렇게 무의미하게 흘려보내는 그들이 안타까운 건 사실이다. 대부분 건강해 보이는데 '무엇이라도 해서 일할 수 있지 않을까' 하는 생각이

들기도 한다. 그들이 불쌍한 건 잘 곳이 없고 제대로 먹지 못하는 것보다 아무 할 일이 없기 때문이다.

"네 손이 일을 얻는 대로"라는 말은 기회를 놓치지 말라는 말이다. 만약에 우리에게 어떤 것을 할 기회가 주어진다면 그것을 미루지 말고 해야 한다. "나중에 하지 뭐", "아직 시간이 많은데"라는 말은 참으로 위험한 말이다. 죽으면 우리는 모든 기회를 잃어버리기 때문이다. 지혜로운 사람은 기회를 놓치지 않는다. 미루면 늦는다. 오늘에 충실하고, 지금 바로 이 순간에 해야 한다. 오늘이 내 인생에서 가장 중요한 날이다. 동시에 오늘 내게 주어진 것들을 마음껏 누려야 한다.

너는 가라!

그런데 이 모든 것을 누리기 전에 해야 할 일이 있다.

> 너는 가서 기쁨으로 네 음식물을 먹고 즐거운 마음으로 네 포도주를 마실지어다 이는 하나님이 네가 하는 일들을 벌써 기쁘게 받으셨음이니라 전 9:7

가만히 앉아서 걱정만 하지 말고 인생이 이러네 저러네, 여건과 상황이 좋네 안 좋네 하지만 말고 일단 현장으로 달려가라는 뜻이다. 주저앉아 고민하거나 머뭇거리지만 말고 인생에 적극적으로 참여하라는 의미다. 어제에 발목 잡혀 망설이거나 주저하지 말고, 내일 때문에 걱정하지도 말고, 오늘 갈 수 있는 곳을 가고 오늘 할 수 있는 것을 하라는 말이다.

하나님은 우리에게 삶을 즐기며 누리라고 창조하셨지 간신히 견뎌 내라고 우리를 만드신 것은 아니다. 하나님은 우리에게 즐기며 누릴 수 있는 여건을 이미 허락하셨다. 다만 우리의 눈이 어두워서 우리가 가진 것을 깨닫지 못할 뿐이다. 인간의 기준에서 더 많은 것을 가지려고 지나친 욕심을 부리기 때문에 우리의 삶이 고단해지는 것이다. 하나님께서는 그분이 공급해 주시는 것들을 우리가 즐기기를 원하신다. 그분이 우리의 공급자 되시기 때문이다

> 사람이 먹고 마시며 수고하는 것보다 그의 마음을 더 기쁘게 하는 것은 없나니 내가 이것도 본즉 하나님의 손에서 나오는 것이
> 로다 전 2:24

부모님들이 그런 말을 자주 한다. "아이들이 먹는 모습만 봐도 배가 부르다." 물론 전혀 말이 안 되는 소리이기는 하지만 그만큼 아이들이 잘 먹고 잘 놀고 웃는 모습만 봐도 부모들은 기쁨이 충만해진다. 하나님 역시 당신이 먹고 마시고 수고하며 일하는 모습을 보고 기뻐하신다. 그리고 그 모든 것은 하나님의 손으로부터 나온다.

하나님을 기쁘시게 해드리고 싶은가? 그러면 괜히 이것저것 헛물 켜지 말고 당신에게 주어진 것들을 마음껏 먹고 마시고 즐기며 누리라. 당신이 몸담고 있는 일터에서 열심히 일해

야 한다. 그것만큼 하나님을 더 기쁘게 해드릴 수 있는 것은 없다. 내 말이 아니라 성경 말씀이다. 우리가 고민하고 걱정할 것이 전혀 없다. 이미 그 누릴 것을 우리에게 모두 허락하셨고 그에 맞게 우리는 누리기만 하면 된다. 누릴 만한 것이 아무것도 없다는 것은 착각도 큰 착각이다.

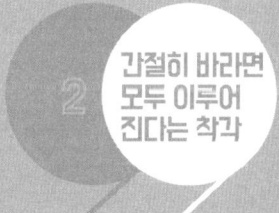

2 간절히 바라면 모두 이루어진다는 착각

꿈은 이루어진다

2002년 서울 상암월드컵경기장. 월드컵 4강 행을 놓고 이탈리아와 맞붙게 된 한국 축구대표 팀은 계속되는 기적 같은 승리로 승승장구하고 있었다. 이제 세계 최강인 이탈리아와의 경기를 앞두고 반드시 이기고야 말겠다는 다짐을 한 듯 굳게 다문 선수들의 입이 유난히 힘이 있어 보인다. 그에 못지 않게 그들의 승리를 바라는 국민들은 현실적으로는 불가능하지만 간절히 바라면 이루어질 거라는 소망에 대형 카드섹션을 벌인다. 새겨진 문구는 다름 아닌 "꿈은 이루어진다."

결국 그 꿈은 정말 현실이 되어 한국이 이탈리아를 물리치는 파란을 일으켰다. 그 이후로 "꿈은 이루어진다"는 말은 지금까지도 많은 사람들의 입에 오르내리는 명언(?)으로 자리 잡았고 온 국민의 희망이 되었다. 그리고 그러한 기적이 우리 삶에도 얼마든지 일어날 수 있다는 내용을 다룬 책들이 우후죽순처럼 출간되어 대형 서점의 베스트셀러 코너를 점령하기도 했다.

꿈만 꾸면 이뤄진다?

우리는 저마다 성공을 꿈꾼다. 좋은 대학에 가기를 원하고 일류 기업에 취직하고 싶어 한다. 멋지고 능력 있는 남자를 만나고 전문직의 아름다운 여성과 결혼하기를 소망한다. 넓고 좋은 집에 살기를 바라며 멋지고 잘 빠진 자동차의 오너가 되고 싶어 한다. 평생 돈 걱정 없이 맘껏 쓰며 사는 것을 소원으로 여긴다. 개인마다 차이는 있을 수 있지만 들어 보면 거의 엇비슷한 꿈들을 갖고 산다. 하지만 현실적으로 그러한 꿈들을 이룬다는 것이 얼마나 어려운 일인지 모른다.

그런데 요즘 시중에 나오는 책들을 보면 그 모든 꿈들을 이루기가 참 쉽고 편해진 것 같다. 꿈을 꾸기만 하면 무엇이든지 다 이루어진다니 말이다. 그 책들은 꿈을 계속해서 생각하면 내가 바라는 일들이 이뤄지고, 가고 싶은 곳에 갈 수 있고, 갖고 싶은 것을 가질 수도 있다고 말한다. 간절히 바라고 끊임없이 생각하기만 하면 언젠가는 그것이 저절로 이루어진다니 정말 매력적인 이야기가 아닐 수 없다. 서점에 나와 있는 책들을 보면 하나같이 자신의 꿈을 써서 책상이나 벽에 붙여 놓고 매일 바라보며 되뇌면 현실로 이루어질 수 있다는 이야기들로 가득하다.

책을 써서 베스트셀러 작가가 된 사람, 노숙자에서 기업의 CEO가 된 사람, 늦은 나이지만 원하는 대학에 진학한 사람, 상상할 수 없을 만큼 엄청난 부를 거머쥔 사람 등 그 종류와 분야도 다양하다. 그들의 이야기는 한결같다. '포기하지 않고 꿈을 꾸며 늘 생각하고 바라면 자신처럼 무엇이든 이룰 수 있다'는 것이다. 심지어 인간이 무엇인가를 간절히 바라고 원하면 지구는 물론이고 우주에 있는 기운까지 움직일 수 있다고 말한다. 게다가 과학적으로 증명이 된 것도 있다 하니 안 믿는 것이 더 어려워 보인다.

꿈꾸면 이뤄진다는 주제를 다룬 책들이 공통적으로 이야기하는 것은 "자신의 꿈을 기록하고 그것을 생생하게 꿈꾸면 그대로 된다"는 것이다. 여기에 단골손님으로 등장하는 사람이 천만 달러짜리 수표(check)를 지니고 다녔다는 영화배우 짐 캐리, 보디빌딩 미스터 유니버스 대회에서 우승한 아놀드 슈왈제네거, 호텔 왕 콘라드 힐튼 등이다. 물론 이 외에도 많은 유명인사들의 이야기가 등장한다.

이와 관련된 여러 권의 책을 읽고 나도 주먹을 불끈 쥐고는 책에서 제시한 몇 가지를 실천해 보았다. 책에 나온 대로 먼저 코르크 보드를 구입해서 내가 하고 싶은 일, 살고 싶은 집, 타고 싶은 차, 가고 싶은 곳의 사진을 오려 붙였다. 그리고 서재에서 가장 잘 보이는 곳에 걸어 두었다. 그뿐 아니라 그 사진들을 스마트폰으로 찍어 배경화면으로 저장해 두고 매일 틈날 때마다 보고 나의 꿈들을 수시로 되새겼다. 하지만 수년이 지난 지금까지도 이루어진 것은 하나도 없다. 물론 조금씩 이루어 가고 있는 중이라고 말할 수 있기에 완전히 실패했다고 단정할 수는 없다.

솔직하게 이야기하면 나도 그렇게 꿈을 이룬 경험이 한 번은 있다. 평소 타고 싶었던 자동차가 있었는데 늘 그 차 생각을 하니 거리에 지나다니는 차들 가운데 유난히 그 차만 눈에 띄기도 했다. 그리고 1년이 채 안 되어 거짓말처럼 그 꿈은 현실이 되어 지금 나와 내 가족의 발이 되어 주고 있다.

하지만 그것을 꿈꾼 대로 이루어진 것이라 단정하기에는 무리가 있다. 그 모든 꿈의 책들에 나온 내용들을 부인하거나 평가 절하하려는 것은 아니다. 저자들은 자신들이 직접 겪은 것들을 많은 사람들이 체험하여 성공에 이르기를 바라는 마음에서 썼을 것이다. 자신들의 성공으로만 고이 간직하지 않고 세상의 많은 사람들에게 널리 알려 준다는 측면에서 오히려 고마울 따름이다. 다만 이러한 책들을 보면서 빠지기 쉬운 오류는 무엇인지 점검하고 그리스도인으로서 바르게 꿈꾸는 방법을 함께 고민해야 할 것이다.

그리스도인의 꿈

자기계발서가 이 세상에 나오기 훨씬 이전부터 지금까지도 성경은 우리에게 가장 좋은 자기계발서다. 특히 꿈에 대해서는 더더욱 그렇다. 성경에는 무수한 꿈 이야기들이 나오는데 그 가운데 대표적인 이야기는 요셉의 이야기라 할 수 있다. 창세기 37장부터 등장하는 그의 이야기를 통해서 우리는 하나님 안에서 꿈을 이룰 수 있는 몇 가지 원리들을 배울 수 있다.

❶ 꿈을 말하라

꿈을 이루기 위해 가장 먼저 해야 할 일은 마음속에 품은 꿈을 주변 사람들에게 말하는 것이다. 꿈은 자기만 알아서는 안 된다. 그 꿈이 다소 황당하게 들릴 만큼 비현실적인 것이라 할지라도 그 꿈을 이루기로 마음을 먹었다면 주변 사람들에게 알리기를 주저해서는 안 된다. 하지만 많은 사람들이 자신의 꿈을 주변 사람들에게 말했다가 안 이루어지면 창피를 당할까 봐 말하지 않는다.

"뭐라고? 에이, 그건 꿈이 아니라 환상이지. 꿈 깨라 꿈 깨!"

"행여나, 네가 그 꿈을 이룬다면 내 손에 장을 지진다!"

'이런 소리를 들으면 어떻게 하나' 하는 마음에 자신의 꿈을 마음속에만 담아 두는 것이다. 이뤄지면 깜짝 놀라게 할 수도 있고 만약에 이뤄지지 않더라도 최소한 창피를 당할 일은 없기 때문이다.

하지만 그 반대다. 자신의 꿈은 주변 사람들에게 널리 알려야 한다. 그래야 스스로도 책임감이 생기고 자꾸 그 꿈을 되새겨 그것을 이루려고 더욱 노력하게 된다. 하지만 말하지 않을 경우, 조금만 노력하다가도 안 되면 '아무도 모르는 데 뭐 어때?' 하면서 쉽게 포기하게 된다. 요셉도 꿈을 꾼 후에 가장 먼저 한 일이 자기 형들에게 꿈을 자세하게 말한 것이다.

> 요셉이 꿈을 꾸고 자기 형들에게 말하매 그들이 그를 더욱 미워하였더라 창 37:5

요셉은 자신의 꿈을 형들에게 말하고 난 후, 형들로부터 미움을 사게 되었다. 그리고 결국 그의 고난이 시작되었다. 하지만 요셉의 꿈은 그 고난으로 인해 이루어졌다. 만약에 그 꿈을 말하지 않았다면 요셉은 아무것도 이루지 못했을 것이다.

주변 사람들에게 자신의 꿈을 드러내고 나면 그들이 박수를 쳐주고 격려와 응원을 해주기보다는 비난하고 손가락질하는 경우가 많다. 그 꿈이라는 게 지금 보기에는 대부분 황당해 보이기 때문이다. 요셉의 경우만 보더라도 그렇다. 자신의 부모와 형들이 땅에 엎드려 자신에게 절을 한다니, 가족들의 입장에서 본다면 황당한 것을 떠나 상당히 기분이 나쁜 일이었을 것이다.

그래도 꿈을 말해야 한다. 꿈은 자기만 소중하게 담아 두고 있다고 해서 이뤄지는 것이 결코 아니다. 사람들로부터 손가락질받을 것을 미리 감안하고 가급적이면 많은 이들에게 알려야 한다. 그럴 때 비록 어려움이 있을지언정 그 꿈은 현실이 될 수 있다.

처음에 이 책을 집필하기 시작했을 때, 난 주위 사람들에게 이 사실을 전혀 알리지 않았다. 그러다 보니 나 자신도 책임감이 없어지고 힘들 때면 '아무도 모르는데 천천히 하지 뭐'라는 생각이 들었다. 그렇게 몇 달을 그냥 보내고 말았다 그래서 안 되겠다 싶은 생각에 사람들에게 말하기 시작했다.

꿈을 이루고 싶다면 가장 가까운 가족에게는 물론이고 가급적이면 많은 지인들에게 알려야 한다. 비록 비난과 손가락질이 빗발칠지 모르지만 그럴수록 더욱 꿈을 공유하라. 그럴 때 우리의 꿈은 현실에 한 발짝 더 가까이 다가갈 것이다. 요셉은 그 꿈이 이루어지는 과정 중에 죽을 고비를 넘겼고 감옥에까지 가야 했다는 사실을 기억하자.

❷ 주변의 소리에 귀 기울이라

꿈을 향해 달려가다 보면 주변 사람들의 말에 귀를 기울이지 않고 자신의 의지대로 독단적인 행보를 보일 때가 많다. 자신의 계획, 자신의 생각만이 절대적이라 생각하고 주위 사람들은 아랑곳하지 않고 말과 행동을 하는 것이다. 하지만 요셉은 그러지 않았다. 예를 들어, 요셉의 아버지 이스라엘이 세겜에서 양을 치고 있는 형들에게 보내려 하자 요셉은 한 치의 망설임도 없이 그렇게 하겠다고 대답한다.

> 그의 형들이 세겜에 가서 아버지의 양 떼를 칠 때에 이스라엘이 요셉에게 이르되 네 형들이 세겜에서 양을 치지 아니하느냐 너를 그들에게로 보내리라 요셉이 아버지에게 대답하되 내가 그리하겠나이다 창 37:12-13

야곱과 요셉이 머물고 있는 헤브론에서 세겜까지는 대략 80킬로미터 정도의 거리다. 교통 수단이 발달하지 않은 당시의 시대 상황을 본다면 이 거리를 간다는 것은 쉽지 않은 일이었을 것이다. 그럼에도 요셉은 아버지의 말에 바로 순종한다. 그리고 그것이 결국 자신의 꿈을 이루는 시작점이 된다. 그렇게 형들과 만나면서 고난은 시작되었지만, 동시에 그의 꿈이 실현되는 첫 걸음이기도 했기 때문이다.

영화나 드라마를 보면 자신의 꿈을 이루기 위해 부모나 형제간 의를 끊고 지내는 모습이 등장하곤 한다. 그리고 그것이 마치 성공을 위한 필수 과정인 것처럼 묘사되기도 한다. 하지만 가족들과 관계를 끊으면서까지 자신의 꿈을 이룬다는 것은 권장할 만한 일이 아니다. 진정한 성공은 자신의 꿈을 이루는 것만 중요한 것이 아니라 가족과의 행복한 시간들이 포함되어야 하기 때문이다.

가족을 비롯한 주변 사람들이 배제된 성공은 반쪽짜리 성공에 지나지 않는다. 그래서 성공한 많은 이들이 최고의 자리에 오르고 난 후, 뒤늦게 자신의 가족과 함께하지 못한 것을 후회하는 것을 종종 보게 된다.

부모의 요구 사항이 나의 꿈과 반대되는 것일 수도 있다. 그렇다 하더라도 일단 순종하는 마음가짐이 필요하다. 그 꿈이 정말 목숨처럼 중요하다면 부모에게 반기를 들기보다는 어떻게 해서든 자신의 의지를 보여 주기 위해 대화로 풀어 가는 지혜가 필요하다. 가족의 생계를 위해 나의 꿈을 잠시 늦추거나 유보할 수도 있다. 가족의 생계도 아랑곳하지 않은 채 자신의 꿈만을 위해 달려가는 것은 무책임한 행동이다.

텔레비전 예능 프로그램인 〈안녕하세요〉에 한 아내가 고민을 이야기하러 나왔다. 남편이 발명을 한다며 연구에만 몰두하고 가족의 생계는 나 몰라라 한다는 것이다. 가족들과 주변 사람들은 모두 다 그 연구하는 모습을 바라보며 자신의 남편에게 포기하라고 하지만 정작 남편은 자신의 꿈을 곧 이룰 수 있다며 조금만 더 참아 달라는 것이다. 이 사연에 수많은 사람들이 고민이라고 응답했음은 물론이다.

자신의 열정과 희망도 물론 필요하다. 하지만 가족의 안녕이 배제된 성공은 진정한 성공이라 말할 수 없다. 자신의 꿈이 자기 만족만을 위한 것이라면 그것은 이기적인 욕망에 지나지 않는다. 진정한 꿈, 진정한 성공은 자신은 물론 주변 사람들에게도 동일한 기쁨과 행복감을 줄 수 있어야 한다.

❸ 성공은 사람이다

우리는 살면서 수많은 사람들과 만나고 헤어진다. 그 가운데 나에게 정말 도움이 되는 사람이 있는 반면, 아무런 도움이 되지 않거나 오히려 해가 되는 사람들도 있다. 때로는 허름해 보이고 외모적으로 별 볼일 없는 것 같은 사람이 다가오면 우리는 그를 무시하고 멸시하며 멀리하기도 한다. 반면에 양복을 잘 갖춰 입은 신사처럼 보이는 사람에게 사기를 당하는 경우도 많다. 그러나 명심해야 할 것은 만나는 모든 사람이 나에게 어떠한 도움이 될지 그 누구도 알 수 없다는 사실이다.

요셉 역시 꿈을 이루는 과정에서 우연히 만난 '어떤 사람'의 역할이 컸다. 요셉은 아버지의 말에 따라 형들을 찾기 위해 세겜에 도착했으나 형들은 이미 도단으로 떠난 뒤였다. 그래서 요셉은 어찌할 바를 몰라서 들에서 방황하는데 거기에서 '어떤 사람'을 만나게 된다.

> 어떤 사람이 그를 만난즉 그가 들에서 방황하는지라 그 사람이 그에게 물어 이르되 네가 무엇을 찾느냐 창 37:15

그 '어떤 사람'은 요셉이 형들을 찾기 위해 왔지만 찾지 못하고 방황하자 요셉에게 다가와 무엇을 찾느냐고 묻는다. 이에 요셉은 형들을 찾고 있는데 그들이 어디에 있는지 알려 달라고 부탁한다.

> 그가 이르되 내가 내 형들을 찾으오니 청하건대 그들이 양 치는 곳을 내게 가르쳐 주소서 창 37:16

그러자 그 사람이 형들은 이미 도단으로 떠났다고 알려 준다. 그리고 요셉은 다행히도 도단에서 형들을 만나게 된다. 이 '어떤 사람'이 아니었다면 요셉은 형들을 만날 수 없었을 것이다. 그를 의심하고 멀리했다면, 그에게 도움을 청하지 않았다면 자신의 꿈이 성취될 수도 없었을 것이다.

성공은 결국 사람에게서 온다. 하나님께서도 사람을 통해서 역사하신다. 그러므로 우리는 주변에 있는 사람들에게 도움 청하기를 주저하지 말아야 한다. 자신의 꿈을 이루기 위해 적극적으로 사람들과 함께해야 한다. 그 누구도 혼자 성공할 수는 없다. 요셉의 그 '어떤 사람'처럼 전혀 모르는 사람일 수도 있지만 때론 가족일 수도 있고 심지어 원수처럼 지내는 그 누구일 수도 있다. 그 사람이 누구일지는 알 수 없지만 우리는 주변 사람과의 모든 만남을 소중히 여겨야 한다. 성공은 사람으로부터 온다.

❹ 유혹을 뿌리치라

꿈을 향해 가다 보면 수많은 유혹이 우리를 기다리고 있다.

그것은 게으름이 될 수도 있고 세상의 온갖 좋은 것, 편한 것일 수도 있다. 요셉에게는 여자의 유혹이 있었다. 그것도 정말 뿌리치기 힘든, 자신이 섬기는 집 주인의 아내였고 남편 보디발은 당시 이집트 왕(바로)의 신하로서 친위대장이었다. 잘만 하면 주인의 총애를 받을 수도, 인생을 편하게 즐길 수도 있었겠지만 요셉은 단호히 그 유혹의 손길을 뿌리쳤다.

여인이 날마다 요셉에게 청하였으나 요셉이 듣지 아니하여 동침하지 아니할 뿐더러 함께 있지도 아니하니라 창 39:10

그렇게 요셉은 보디발의 아내의 유혹을 뿌리치고 나왔지만 돌아온 건 칭찬이나 보상이 아닌 감옥행이었다. 그러나 그것 또한 하나님의 섭리였다. 그곳에서 만난 간수장이 요셉을 좋게 생각하고 자신의 일을 맡긴 것이다. 그리고 그 사건은 나중에 요셉이 왕 앞에 나설 수 있는 연결고리가 되어 주었다. 만약에 그 유혹을 뿌리치지 못하고 자신의 몸을 내맡겼다면 요셉은 자신의 꿈을 이루지 못했을 것이다.

❺ 포기하지 말라

요셉의 인생도 참 기구하다. 자신의 꿈을 말했더니 형들은 자기를 죽이려고 달려들었고, 간신히 살아나 보디발의 집에 하인으로 들어갔더니 집 주인의 아내로부터 억울하게 누명을 써서 옥살이까지 하게 되었다. 또 그 감옥 안에서 만난 사람들에게 도움을 주고 나서 자신이 감옥을 나가는 데 좀 도움이 될까 했더니 자기들 도움만 받고는 요셉을 잊어버리고 말았다.

우리는 이쯤 되면 힘든 시간이 지속되고 억울한 마음에 모든 것을 포기할 만도 하다. 하나님을 원망하고 떠난다 해도 누가 뭐라고 할 수 없을 것 같다. 심지어 '난 안 돼. 나 같은 놈이 꿈은 무슨. 더 이상 살아서 뭐하겠어' 하면서 자포자기 하고 자살을 생각했을지도 모른다.

그러나 요셉은 끝까지 포기하지 않고 자신의 삶에 최선을 다했다. 그리고 결국 그 기회가 찾아오고야 말았다. 뒤숭숭한 꿈으로 인해 번민하고 있던 이집트 왕이 요셉에 대해 전해 듣고는 요셉을 불러들인 것이다. 그리고 자신의 꿈을 정확하게 해석한 요셉을 이집트(애굽)의 총리로 임명하고 전 국민에게 선포하기에 이르렀다.

> 바로가 또 요셉에게 이르되 내가 너를 애굽 온 땅의 총리가 되게 하노라 하고 창 41:41

대부분의 사람들은 성공한 이들의 이야기를 들으면서 그 자리에 올라선 현재의 멋진 모습만 생각한다. 엄청난 부와 명예를 거머쥔 지금의 그 사람을 부러워하지만 정작 그 자리에 서기까지 겪어야 했던 수많은 마음고생과 고난에 대해서는 미처 생각하지 못하는 것이다. 요셉의 경우만 봐도 그렇다.

그가 형들로 인해 이집트에 팔릴 때 17세였고 총리에 오를 때 30세였다. 그 13년 동안 요셉은 노예생활을 해야 했고 최소한 3년간은 감옥생활을 했다. 아마 13년간 고생을 좀 하고 한 나라의 총리이자 이인자가 된다면 그러겠다고 말할지도 모르겠다. 하지만 이 13년이라는 기간은 지나고 나서야 보이는 시간이다. 그 기간 동안에는 언제 끝날지도 모르는 너무나도 고통스러운 시간인 것이다. 그래서 사람들은 중간에 포기하게 된다.

대한민국 축구의 상징이라 할 수 있는 박지성 선수가 최고의 자리에 오르기 위해 얼마나 많은 시간을 연습해야 했는지, 발레리나 강수진의 일그러진 발 모양이 무엇을 의미하는지, 불모지와 다름없던 한국 피겨스케이팅을 한 단계 업그레이드 시킨 김연아 선수가 얼마나 많은 땀방울을 흘렸는지 우리는 다시금 생각해 보아야 한다. 꿈을 이루기 위해 최선을 다하되, 결코 포기하지 않는 마음, 그것이 꿈을 이루는 열쇠이다.

꿈은 이루어진다. 그리스도 안에서

간절히 바라기만 한다고, 그냥 단순히 생각만 하고 사진을 바라본다고 해서 우리의 원대한 꿈이 이뤄지지는 않는다. 그런 꿈이라면 이 세상에 대통령이, UN 사무총장이 안 될 사람이 없을 것이다. 물론 그러한 도구들을 이용하여 늘 그 꿈을 마음에 품는다면 도움이 될 것이다. 그리고 믿지 않는 사람들은 정말 그렇게 하다가 꿈이 이루어질지도 모른다.

하지만 그리스도인은 달라야 한다. 아니, 다를 수밖에 없다. 만약에 그냥 꿈을 꾸고 열심히 노력했더니 모든 것이 이루어졌다면 하나님은 우리에게 아무런 의미가 없는 존재가 될 것이다. 하나님을 찾을 필요도 없다. 내 맘대로, 내 뜻대로 원하는 것을 다 할 수 있는데 왜 굳이 하나님을 찾겠는가?

우리의 꿈은 하나님 안에 있을 때 의미와 가치가 있다. 하나님을 배제한 성공은 진정한 성공도 아니고 궁극적으로는 성공이라 말할 수 없다. 이 세상을 살아가면서 그런 것처럼 보일 뿐이다. 꿈의 완성은 하나님 안에서만 가능하다. 요셉처럼 하나님 앞에 전적으로 순종하며 의지하는 가운데 포기하지 않을 때, 하나님께서는 나와 여러분을 통해 큰 일을 이루신다. 세상 사람들이 말하듯, 그저 꿈을 꾸고 생각만 한다고 해서, 책상 앞에 그 모든 꿈들을 붙이고 적어 놓는다고 해서 꿈이 이루어질 거라 생각한다면 그것은 큰 착각일 뿐이다.

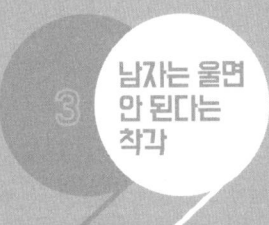

3 남자는 울면 안 된다는 착각

사내 녀석이 울기는

난 남자치고는 눈물이 많은 편이다. 황순원 작가의 단편소설 〈소나기〉를 보면서 울었고 올림픽에서 한국 선수들이 온갖 고생 끝에 금메달을 따는 순간에도 눈물이 난다. 한 개그맨이 자신의 고생담을 늘어놓으며 눈물을 훔칠 때 나도 눈물을 훔치며, 음악을 듣다가 가사에 심취하여 울기도 한다. 마음이 힘들 때, 문득 나 자신을 돌아보며 눈물이 나기도 한다. 그래서 아내와 아이들이 보면 오해할까 봐 애써 눈물을 삼키곤 한다.

전에는 기도를 하면서, 찬양을 하다가, 교제를 나누다가 울기도 참 많이 울었다. 나 같은 죄인을 구원해 주신 그분의 깊은 사랑하심에, 나의 지은 죄가 너무 커서, 하나님을 온전하게 바라보지 못하고 삶에 지친 지체를 보며 하염없이 울었다. 언젠가는 회개 기도를 하다가 찢어질듯 너무 마음이 아파 평평 울며 온 기도실을 데굴데굴 구르기도 했다. 두 시간여를 그렇게 기도하고 나니 눈은 통통 부어 있었고 얼굴은 눈물인지 콧물인지도 모를 정도로 범벅이 되어 있었다. 하지만 난 부끄럽지 않았다. 오히려 감사했다. 내게 눈물을 주셔서 말이다.

남자의 눈물 vs. 여자의 눈물

재미있는 이야기를 들으면 웃음이 나듯, 슬픈 일이 있으면 울어야 한다. 여자들은 눈물로 남자의 마음을 움직이기도 한다. 그런데 유난히 남자의 눈물은 홀대와 비난을 받기 일쑤다. 특히 한국은 유교적 전통이 강해서 자신의 감정을 드러내는 것에 대해 상당히 보수적이다. 함부로 웃어서도 안 되며 남자가 눈물을 흘리는 것은 거의 금기시 되어 왔다. "남자는 평생에 세 번만 울어야 한다"는 말이 있을 정도다.

그래서일까, 한국 남자는 여자에 비해 잘 울지 않는다. 비단 우리나라뿐 아니라 세계적으로도 그런 것 같다. 이는 '남자는 강해야 한다', '져서는 안 된다'는 무언의 압박에서 비롯된 관습이라고 볼 수 있다. 우는 것은 지는 것이라고 생각하는 것이다. 이렇듯 남자들이 눈물에 대해 가지고 있는 편견과 관련한 글을 아래와 같이 소개한다.

> 눈물은 흘려야 할 때 흘릴 필요가 있다. 감정의 둑을 억지로 막았다가 마음의 병을 앓게 되는 경우도 있기 때문이다. 도대체 어떤 생각을 하고 뭘 느끼는지 알 수 없는 사람이 있는데, 이들의 특징은 눈물에 인색하다는 것이다. 남자는 평생 딱 세 번만 눈물을 보여야 한다는 황당한 이야기를 믿는 사람, 알렉산더 대왕은 눈물을 잘 흘리지 않아 그 눈물이 귀해서 어쩌다 흘린 눈물을 담는 호리병이 따로 있었다면서 자신도 그렇게 살아 알렉산더 대왕 같은 호연지기를 기르겠다는 황당한 상상을 하는 사람들이 그렇다. 이들이 눈물에 대해 갖는 고정관념은 '애 같다', '계집애 같다'라는 것이다.•

정말 어렸을 때 울면 '계집애 같다'는 말이 가장 듣기 싫었

• 하지현, 《예능력》(민음사, 2013), 159면.

다. 그래서 억울하거나 서러운 일이 있을 때면 아무도 보지 않는 곳에서 혼자 울곤 했다. 다른 남자애들 역시 씩씩거리면서도 간신히 눈물을 삼키는 모습을 참 많이도 보았다. 반면에 여자애들은 두 팔을 얼굴에 모아 우는 모습이 익숙했을뿐더러, 때로는 귀엽고 사랑스럽기까지 했다. 그런데 남자의 눈물만은 예외였다. 같은 눈물인데도 남자의 눈에서 나오는 눈물과 여자의 눈에서 흘러내리는 눈물의 의미는 그렇게 큰 차이가 있었다.

우는 사람이 건강하다

1997년 8월, 영국의 다이애나 전왕세자비가 교통사고로 사망한 사건이 있었다. 당시 영국 국민들은 큰 슬픔에 빠졌고 눈물을 흘리며 그녀의 죽음을 애도했다. 그런데 이 사건이 있은 후, 영국의 우울증 환자가 절반으로 줄어들었다는 조사 결과가 발표되었다. 이 현상을 두고 심리학자들은 다이애나 전왕세자비의 죽음으로 인해 흘린 눈물이 영국인들의 스트레스와 우울 증세를 완화시키고 진정시켰다는 것이다. 이처럼 눈물을 통해서 카타르시스를 얻는 것을 다이애나 효과(Diana Effect)라고 부른다.

일반적으로 여자는 남자보다 수명이 길다. 이에 대해 미국의 알츠하이머 치료연구센터에서는 여자들이 감성적이고 눈물을 잘 흘리기 때문이라는 보고서를 발표했다. 평균적으로 여자들이 남자들보다 우는 횟수가 다섯 배 정도 많은데 여성의 85퍼센트는 울고 나면 심신의 상태가 좋아진다는 것이다. 이쯤 되면 눈물이라는 것이 얼마나 우리 삶에 도움이 되는지 더 이상 설명할 필요가 없을 것 같다.

차동엽 신부는 눈물과 관련해 재미있는 이야기를 들려준다.

영국의 정신과의사 헨리 모슬리는 눈물은 "신이 인간에게 선물한 치유의 물"이라고 말하였다. "웃음이 파도라면 눈물은 해일이다"라는 말까지 있다. 눈물을 많이 흘릴수록 정신적으로나 육체적으로 건강해지고 행복감이 충만해진다는 것이다. 눈물은 유해 호르몬을 몸 밖으로 배출하여 건강을 이롭게 하고, 평상심을 회복하게 하며, 긍정적인 마음을 가져다준다고 한다.•

눈물을 통해 우울증이 사라지고 스트레스가 해소되며 심신의 상태가 좋아지니 이것이야말로 만병통치약이라 할 만하다. 건강과 더불어 행복감이 충만해지며 심지어 살균 효과까지 있다고 하니 눈물은 우리에게 참 눈물 나게 고마운 것이 아닐 수 없다. 이렇게 보니 눈물을 흘려서 손해 볼 건 없는 것 같다. 아니, 오히려 가능한 한 많이 흘리는 것이 좋을 것이다.

그래도 요즘에는 남자의 눈물도 세상 밖으로 많이 나온 것 같다. 텔레비전 방송을 보면 토크쇼나 예능 프로그램을 통해서 남자 출연자들이 이런저런 이야기를 하면서 눈물을 흘리는 모습을 꽤 자주 볼 수 있으니 말이다. 육아 프로그램에서 아이들

• 차동엽, 《희망의 귀환》(위즈앤비즈, 2013), 184면.

을 돌보다가 눈물을 흘리는 한 인기 연예인의 모습이 사람들의 마음을 감동시키기도 하고, 자신의 반려견이 죽자 오열하는 한 남자 연예인의 모습이 인터넷에서 이슈가 된 적도 있다. 그들의 눈물은 그 어떤 착한 행동보다도 사람들에게 깊고 강렬한 인상을 남기기에 충분했다. 이젠 한국에서도 남자들이 그래도 좀 울 수 있는 여건이 갖추어졌나 보다.

성경, 눈물을 흘리다

성경에는 눈물의 이야기가 많이 나온다. 눈물 하면 떠오르는 성경의 인물은 누가 뭐래도 예레미야 선지자다. 하도 많이 울어서 그에게는 '눈물의 선지자'라는 별명이 붙어 있다. 얼마나 울었던지 눈물이 시내처럼 흐르고 밤낮으로 그치지 않았다고 성경은 말하고 있다.

> 딸 내 백성의 파멸로 말미암아 내 눈에는 눈물이 시내처럼 흐르도다 내 눈에 흐르는 눈물이 그치지 아니하고 쉬지 아니함이여
> 애 3:48-49

자신의 눈이 눈물에 상했다고도 한다.

> 내 눈이 눈물에 상하며 내 창자가 끊어지며 내 간이 땅에 쏟아졌으니 이는 딸 내 백성이 패망하여 어린 자녀와 젖 먹는 아이들이 성읍 길거리에 기절함이로다 애 2:11

눈물에 눈이 상했다는 말은 눈이 쇠하여지고 심지어 눈이 멀 정도로 울었다는 얘기다. 그러나 그의 눈물은 자신이 어떤 고난이나 사적인 슬픔 때문이 아니었다. 나라가 멸망할 것을 알고 안타까운 마음으로 기도하는 가운데 흐르는 눈물이었다. 백성들이 큰 고통 가운데 처할 것에 대해 가슴을 찢는 마음에서 나오는 눈물이었다. 이러한 눈물은 아름답고 고귀하다. 그 누구도 예레미야의 눈물을 나약하거나 단순히 감정에 복받친 것이라 말하지 않는다.

하나님의 아들이신 예수님께서도 우셨다(요 11:35; 눅 19:41; 히 5:7). 위대한 복음전도자 바울도 울었고(고후 2:4; 행 20:31) 눈물 한 방울 흘릴 것 같지 않은 베드로도 통곡하며 울었다(눅 22:62). 이 외에도 성경, 특히 시편 기자들은 눈물을 흘렸다는 사실에 대해 수도 없이 언급하고 있다.

> 내가 탄식함으로 피곤하여 밤마다 눈물로 내 침상을 띄우며 내 요를 적시나이다 시 6:6

> 여호와여 나의 기도를 들으시며 나의 부르짖음에 귀를 기울이소서 내가 눈물 흘릴 때에 잠잠하지 마옵소서 나는 주와 함께 있는 나그네이며 나의 모든 조상들처럼 떠도나이다 시 39:12

> 사람들이 종일 내게 하는 말이 네 하나님이 어디 있느뇨 하오니 내 눈물이 주야로 내 음식이 되었도다 시 42:3

> 그들이 주의 법을 지키지 아니하므로 내 눈물이 시냇물같이 흐르나이다 시 119:136

눈물을 흘려야만 은혜를 받는다?

이처럼 눈물을 흘리는 것에는 생리 현상 이상의 많은 의미가 담겨 있다. 특히 그리스도인에게는 더더욱 그렇다. 하지만 눈물을 흘린다는 현상적인 부분에만 집중해서는 안 된다. 자칫 그 행위가 은혜를 받았다는 하나의 증표로 여겨질 수 있기 때문이다. 개인의 영성이나 마음의 상태와는 상관없이 눈물을 흘리는 모습은 주변 사람들에게 마치 그 사람이 거룩하고 영적이며 깊은 은혜를 체험하고 있는 것처럼 보이게 마련이다. 그러다 보니 그러한 주변의 이목만을 염두에 두고 억지로 눈물을 만들어 내려는 경우도 종종 있다.

학창 시절에 다녔던 교회에서는 겨울방학이면 교단에 속한 중고등부연합 동계수련회에 참석했다. 나 역시 빠지지 않고 수련회에 참석해서 많은 은혜를 받았다. 그런데 당시 참석한 학생들 사이에는 특이한 현상이 나타났다. 저녁마다 열리는 집회와 통성기도 시간에 눈물을 흘리지 않으면 은혜를 못 받았다고 생각하는 것이었다. 수련회를 통해 은혜를 받은 사람은 반드시 눈물을 흘리게 되어 있다는 것이다.

분위기가 그렇다 보니, 어떤 학생들은 고래고래 소리를 지르거나 눈을 세게 감아 가며 억지로 눈물을 빼려고 애쓰는 모습도 보였다. 눈물을 흘리기 위해 그런 '눈물겨운' 노력을 했음에도 눈물 한 방울도 나지 않는 학생들은 낙심하여 아무 말도 못하고 멍하니 앉아 있거나 예배실을 나가는 경우도 있었다. 자신은 마음이 강퍅해서 은혜를 받지 못했다고 자책을 하는 친구들도 있었다. 그런 모습을 나름 안타깝게 여기며 먼저 폭포수 같은 눈물을 쏟은 친구들이 달려가 그 친구를 붙들며 통성으로 기도하는 모습도 쉽게 볼 수 있었다. 그 친구들은 "주님, 이 친구가 은혜를 받아 하나님 앞에 펑펑 울 수 있게 해주시기 원합니다!"라는 기도를 하기도 했다.

이처럼 눈물을 흘리는 것이 은혜의 상징이 된 것은 당시 설교를 하던 몇몇 목회자들과 교사들 때문이라고 볼 수 있다. 설교 때나 모임을 가질 때 은연중에 '은혜를 받은 자들은 눈물이 나온다'는 메시지가 전달되었다. 그리고 실제로 많은 학생들이 눈물을 흘리기도 했기에 눈물이 나오지 않으면 마치 마음이 강퍅해서 그런 것처럼 생각할 수밖에 없는 분위기였다.

그런데 사람이 참 묘하다. 웃지 말라고 하면 더 웃음이 나오고 먹지 말라고 하면 더 먹고 싶어진다. 마찬가지로 눈물을 흘려야겠다고 생각하면 오히려 더 눈물이 나지 않는다. 말씀에 감동을 받고 찬양의 은혜로 인해서가 아니라, 기도 가운데 자신의 죄를 깨닫고 진정 자신이 용서받지 못할 죄인임을 통회하는 마음에서가 아니라, 다른 사람의 시선 때문에 눈물을 흘려야만 한다는 그 황당한 상황. 하지만 그땐 그것이 정말 '은혜를 받는 것'인줄로만 알았다. 어린 시절엔 그렇게 큰 착각 속에서 신앙생활을 하기도 했다.

물론 학생들의 신앙 성장을 위해 기도하며 애쓰신 그분들의 수고와 헌신을 폄하하고자 하는 것은 아니다. 다만 학생들에게 조금 더 기쁘고 자유로운 신앙의 여러 모습을 보여 주고 학생들을 포용해 주었다면 더 좋지 않았을까 하는 아쉬움은 남는다.

우는 자들과 함께 울자

그리스도인은 눈물을 흘릴 줄 알아야 한다. 자신의 신세 한 탄이 아니라 하나님 앞에서 자신의 죄를 회개하며 울 수 있어야 한다. 그분의 죄 사하심과 은혜에 깊이 감사하며 울 수 있어야 한다. 말씀을 들으며, 읽으며, 묵상하는 가운데 깨달음과 감사하는 마음에 눈물을 흘릴 수도 있다.

여기에 남자와 여자의 구분이 있을 리 없다. 자매들도 그렇지만 기도할 때 눈에서 흘러내리는 형제들의 눈물은 특히 멋있다. 진심이 느껴지기 때문이다. 여자의 눈물과는 뭔가 다른 묘한 차이가 느껴진다. 어깨동무를 하며 서로 호탕하게 웃는 모습도 좋지만 형제끼리 말없이 안아 주며 흘리는 눈물은 더욱 뜨겁다. 그래서 성경은 우리에게 "즐거워하는 자들과 함께 즐거워하고 우는 자들과 함께 울라"(롬 12:15)라고 한다.

즐거워하는 자들과 함께 즐거워하고 기뻐하는 것도 우리가 해야 할 일이다. 그러나 그것보다 더욱 중요한 것은 우는 자들과 함께 우는 것이다. 상대방은 슬픔과 아픔에 눈물을 흘리는데 나만 체면 차리고 자존심 세우느라 억지로 울음을 참을 필요가 없다. 우는 자들이 있으면 함께 울어야 한다.

어린아이들은 배가 고프면 운다. 졸려도 울고 엄마가 보이지 않으면 불안해서 운다. 그러나 성장해서 어른이 되면 그런 일로 울지 않는다. 진학과 취업에 실패해서 울고 사랑하는 이가 떠나가서 운다. 몸이 아파서 울기도 하고 슬픈 영화나 드라마를 보면서도 운다.

그리스도인도 처음 신앙생활을 할 때에는 자신을 위해서 운다. 억울해서 울고 서러워서 운다. 실패해서 울고 사랑 때문에 눈물을 흘린다. 하지만 성숙한 신앙인은 하나님 때문에 울고 영혼 때문에 운다. 남자도 예외는 아니다. 아니, 오히려 그리스도인이라면 남자가 먼저 울 줄 알아야 한다. 형제의 눈물의 기도는 교회를 움직이고 하늘 보좌를 들었다 놨다 하는 영적인 파워가 있다. 남자의 눈물은 더 이상 부끄러운 것이 아니다. 마음 깊은 곳에서 우러나오는 진심 어린 남자의 눈물, 신앙성장의 보이지 않는 원동력임을 우리는 기억해야 할 것이다. '남자는 평생에 세 번만 운다'는 말은 적어도 그리스도인이라면 하루 빨리 벗어나야 할 착각이다.

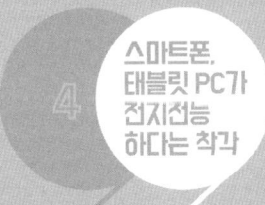

스마트폰 없이는 못살아

우리 가족은 명절이 되면 열일곱 명 모두가 한자리에 모인다. 네 형제가 약속이나 한 듯 각각 두 자녀를 낳았고 아버님은 소천하셨으며 어머님이 큰형님 가족과 함께 사신다. 그래서 명절이면 항상 큰형님 집에서 모이는데 같이 음식도 만들고 윷놀이도 하며 함께 담소를 나누기도 한다. 늘 마음이 따뜻해지는 시간들이다. 그런데 언제부턴가 이러한 모습이 조금씩 사라지기 시작했다.

고개 숙인 사람들

몸은 한 공간에 있지만 서로 대화를 잘 하지 않는다. 바로 옆에 있어도 얼굴을 쳐다보며 이야기를 나누는 것이 아니라 모두 고개를 푹 숙이고 무엇인가를 열심히 쳐다보고 있다. 손가락을 좌우로 휘휘 젓기도 하고 무언가를 뚫어져라 응시하기도 한다. 그러다가 갑자기 깔깔 대고 웃질 않나, "헐~", "대박!" 하면서 혼잣말을 중얼거리기도 한다. 얼핏 보면 정신병자처럼 보이기도 한다. 그런 그들의 손에는 약속이나 한 듯이 스마트폰과 태블릿 PC가 있다.

가족 중에 누군가 최근에 새로 출시된 제품을 들고 있다면 모든 시선은 거기에 쏠리고 만다. 비단 우리 가족만의 이야기는 아닐 것이다. 오죽하면 스마트폰 중독 예방을 위한 공익광고가 나왔을까. 주로 조카들이 그런 식으로 시간을 보내기는 하지만 다행인 건 며느리들은 여전히 커피를 마시며 대화하는 걸 더 좋아한다는 사실이다.

요즘에는 한두 살 먹은 아이들도 디지털 기기를 붙들고 산다. 부모들은 자신들이 편하기 때문에 아무 생각 없이 아이들에게 스마트폰을 쥐여 주는 것이다. 그래야만 말썽부리지 않고 말을 잘 듣기 때문이다. 상점에서 장을 보거나 집에서 청소를 할 때에도, 손님이 찾아오는 경우에도 아이들을 있는 듯 없는 듯 조용히 만드는 데에는 스마트폰 만한 것이 없다.

학생들도 100만 원을 호가하는 스마트폰을 가지고 있어야 학교에서 놀림을 당하지 않는다. 최근의 한 연구에 따르면 초등학생들의 62퍼센트가 스마트폰을 가지고 있으며 그 가운데 83퍼센트는 '스마트폰이 없으면 불안하다'고 답했다고 한다. '스마트폰 푸어족'도 늘고 있다. 비싼 단말기 대금과 요금을 지불하느라 수입에 비해 과도한 지출을 하는 사람들을 일컫는 말이다.

반면에 책을 보는 사람은 찾아보기가 힘들다. 전철을 타보면 일곱 자리 중에 대여섯 명은 스마트폰을 보고 있다. 서 있는 사람도 예외는 아니다. 나이가 지긋해 보이는 어르신들도 카톡과 게임을 하느라 열심이시다. 책상 앞에 붙어 있어야 하는 PC도 아니고 무겁게 들고 다녀야 하는 노트북도 필요 없다. 한 손으로 가볍게 쥐고 나머지 한 손으로 툭툭 누르거나 살짝 움직여 주기만 하면 인터넷 뉴스도 보고 이메일도 읽고 게임도 하며 쇼핑도 얼마든지 가능하다.

스마트 기기, 교회는 안전한가?

교회도 예외는 아니다. 요즘 예배 시간에 앉아 있는 성도들을 보면 성경책이 점점 사라지고 스마트 기기들이 그 자리를 대신하고 있다. 대형 교회에서는 이미 성경이나 찬송가가 없어도 대형 스크린을 통해 모든 성경구절과 찬양 가사를 보여 주고 있으니 진작부터 필요없기는 했다. 하지만 요즘에는 스마트폰까지 가세해 성경을 찾아 보기가 더더욱 어려워지고 있는 실정이다.

이에 대해 비판적인 견해를 보이는 목회자나 성도들도 있다. 개인적으로는 스마트 기기를 통해 성경을 보는 것에 대해 반대하지는 않는다. 성경책이 낡고 찢어졌다고 해서 말씀이 훼손당하는 것은 아닌 것처럼, 스마트폰으로 성경을 본다고 해서 말씀의 본질이 훼손되는 것은 아니기 때문이다.

초신자들의 입장에서 본다면 오히려 말씀을 찾는 데 더 빠르고 편리할 수도 있다. 어려운 성경 단어를 찾거나 설교를 듣는 중에 노트도 바로 할 수 있으니 일석이조다. 목회자들도 태블릿 PC에 설교 원고를 담아 손으로 넘기면서 설교를 하는 모습을 심심찮게 볼 수 있다. 상황이 이렇다 보니 성도들도 마음 편하게 스마트 기기를 애용하는 것 같다.

하지만 문제는 다른 데 있다. 예배 시간에 스마트 기기를 사용한다고 생각해 보자. 찬송가 가사를 보고 성경말씀을 읽는 것은 좋다. 게다가 설교 내용을 노트까지 하니 어쩌면 교회에서도 적극 권장할 만한 일이다. 그런데 말씀을 듣다가 갑자기 어떤 생각이 떠오를 때, 인터넷 검색을 하는 등 딴 짓을 하는 것은 식은 죽 먹기이다.

이번 달 보너스가 얼마나 들어왔는지 거래 은행의 앱을 실행시키는 것도 잠깐이면 된다. 그러다가 곧 소멸되는 소셜커머스 포인트가 생각났다. 그래서 '잠깐만 확인해 보자'라는 마음으로 관련 앱을 열어 보니 12시까지 50퍼센트 타임세일을 한단다. 그래서 이 좋은 기회를 놓칠세라 잠깐만 시간을 내어 쇼핑을 하자고 생각한다.

그렇다. 처음부터 노골적으로 쇼핑을 하거나 의도적으로 말씀을 듣고 싶지 않아서 그러는 것이 아니다. 대부분 '잠깐'이면 된다고 착각한다. '이거 하나만 잠깐 보자'는 마음으로 예배 중에 '영적 외도'를 하는 것이다. 하지만 그 '잠깐'의 시간들이 모여 예배와 설교 시간을 야금야금 까먹게 만든다. 우리의 영혼을 내어 주는 이러한 방심하는 태도가 문제인 것이다.

한국복음주의협의회 김명혁 목사는 한 출판기념회를 통해 이러한 요즘 교회 문화와 세태에 대해 다음과 같이 지적했다.

> 지금은 고전뿐만 아니라 성경까지 무시하는 시대다. 스마트폰으로 대치하고 있는 불행한 시대다. (중략) 스마트폰에는 우리의 손때가 묻어 있지 않고, 눈물의 체취가 느껴지지 않는다. 내가 가지고 읽으면서 은혜와 감동을 받고 줄을 치면서 읽은, 그래서 손때와 눈물의 흔적이 있는 성경을 귀중하게 여기지 않는 불행한 시대를 살고 있다. 어떻게 스마트폰 성경으로 신앙을 유지할 수 있

겠는가?•

오래된 내 성경을 보면 어려운 시기를 겪으면서 말씀을 읽고 기도를 하다가 흘린 눈물 자국이 보이기도 한다. 그러면서 하나님 앞에서 마음을 다잡는 기회가 될 수도 있다. 그러나 스마트 기기에 물기가 묻으면 고장이 날 수도 있기 때문에 행여라도 눈물이 묻을까 조심하게 된다. 편리함은 있지만 감동은 없다. 한 번쯤 생각해 보아야 할 일이다.

전지전능하신 스마트폰님

이처럼 스마트폰을 손에서 놓지 못하는 이유는 스마트폰이 다재다능하기 때문이다. 좀 과장해서 말하면 전지전능하다고 생각하는지도 모르겠다. 그도 그럴 것이 요즘 스마트폰을 보면 정말 못하는 게 없다. 사진 기능은 기본이고 서로 얼굴을 보면서 통화도 할 수 있고 네비게이션이나 블랙박스 기능도 갖추었다. 게임이나 쇼핑도 이제 모바일 시대다. 다이어리 역시, 이제는 스마트 기기의 스케줄 관리 어플에 밀려 점점 그 자취를 감추고 있다. 국내 대표 문구 업체인 모닝글로리가 결국 다이어리 사업에서 손을 떼기로 했다는 소식이 들릴 정도다.

디지털 카메라와 캠코더도 더 이상 필요 없다. 얼마 전 딸

• 아이굿뉴스(2011. 3. 21), http://www.igoodnews.net/news/articleView.html?idxno=30675.

아이의 유치원 졸업 발표회에 갔는데 대부분의 부모들이 마치 기자들처럼 스마트폰을 들고 사진이나 동영상을 찍었다. 이처럼 모든 걸 스마트폰 하나면 해결할 수 있으니 편리하고 경제적이며 효율적이다.

하지만 그에 대한 대가는 크다. 먼저는 육체적으로 거북이목 증후군, 근시 악화 및 안구건조증, 손목터널증후군과 같은 질병을 유발한다. 여기에 주의력결핍, 충동조절장애, 우울, 불안 증세 등 정신적인 문제가 발생할 수도 있다고 전문가들은 지적하고 있다.

그리고 더욱 무서운 건 우리의 뇌에 미치는 영향력이다. 그 가운데 가장 대표적인 것이 바로 팝콘브레인(popcorn brain)이다. 이것은 '첨단 디지털 기기에 익숙한 나머지 뇌가 현실에 무감각 또는 무기력해지는 현상'*을 말한다. 한마디로 뇌의 기능이 저하되는 것이다. 전화번호를 기억하는 사람들도 별로 없다. 기억하고 있던 번호마저 까먹는 게 현실이다. 네비게이션에만 의존하니 오히려 길치가 되는 경우도 있다. 스마트폰 사용으로 생활은 편리해졌지만 그로 인해 우리의 육체는 점점 더 피폐해져 가고 있는 것이다. 기계들은 점점 스마트해지지만 사람은 오히려 더 바보가 되어 가는 것 같다.

---

* 네이버 지식백과.

신앙과 스마트라이프의 공존

신앙생활도 마찬가지다. 성경·찬송 앱과 큐티 앱도 출시된 지 오래다. 말씀을 읽어 주기도 하고 찬양을 들을 수도 있으니 얼마나 편하고 좋은지 모른다. 요즘 웬만한 교회들 역시 교회 홈페이지를 넘어 모바일 홈페이지를 구축하는 것을 기본으로 생각하고 있다. 그 외에도 기독교 관련 서비스만을 제공하는 앱들도 지속적으로 출시되고 있다. 스마트 기기를 사용하여 성경을 읽고 찬송을 하며 예배를 드리는 것을 죄라고 말할 수는 없다. 그렇다고 적극 권장할 만한 것도 아니다. 그것은 전적으로 예배 드리는 자의 자유다.

하지만 교회는 살아 있는 하나님의 공동체다. 성도간에 긴밀히 유기적으로 연결되어 있으며 결코 혼자서 신앙생활을 할 수는 없다. 그러기에 말 한 마디, 행동 하나에도 다른 사람들에게 덕이 되는지 우리는 늘 생각해야 한다.

> 모든 것이 가하나 모든 것이 유익한 것은 아니요 모든 것이 가하나 모든 것이 덕을 세우는 것은 아니니 고전 10:23

스마트 기기로 인해 하나님 보시기에 전혀 거리낄 것이 없을 만큼 예배에만 집중하며 정말 예배의 은혜를 충만하게 받을 수 있다면 문제될 것이 없다. 하지만 그렇지 않다면 우리는 다시 한 번 이 문제에 대해서 스스로 정직하게 생각해 보아야 한다.

때로는 실수로 소리가 나거나 액정 화면의 환한 빛으로 인해 주위 사람들에게 피해를 줄 수도 있다. 나 같은 경우만 봐도 옆에 앉은 사람이 태블릿 PC를 사용하고 있으면 어떤 앱과 기능을 사용하고 있는지 궁금해서 본의 아니게 힐끗힐끗 자꾸 쳐다보게 된다. 이처럼 자기 자신은 물론이고 다른 사람들의 예배에 방해가 되고 덕이 되지 않는다면 우리는 과감히 스마트폰을 꺼야 한다. 그것이 진정한 스마트 라이프이며 '스마트 크리스천'이다.

> 5
>
> 세상에서 내가 제일 힘들다는 착각

왜 '나만' 이렇게 힘들게 살아가는 걸까?

"형, 왜 나만 이렇게 힘들게 살아야 되요? 형은 책도 쓰고 강의도 하고 좋은 차도 몰고 다니고 하는 일마다 잘 풀리는데…."

신앙생활을 같이했던 후배들을 만날 때면, 그들의 입에서 자주 나오는 이야기다. 드러나는 모습만 보면 후배들의 이런 하소연이 틀린 말은 아니었다. 컴퓨터 책도 여러 권 집필했고 강의도 많이 했다. 자동차는 중대형차를 몰고 다니고 아내의 차는 따로 있다. 아르바이트를 하면서 하루하루 고단한 삶을 살고 있는 후배에게 겉으로 비춰진 그런 내 모습은 부러움이 가득할 만한 성공한 인생으로 보였을 것이다.

하지만 나의 실상은 그렇지 못했다. 집필한 책 중 몇 권은 베스트셀러에까지 올랐지만 인세는 그다지 많이 들어오지 않았다. 어떤 책은 출판업자가 잠적하는 바람에 인세도 제대로 받지 못했다. 강의? 관공서니 대기업이니 이름만 화려했지 실질적으로 통장에 들어오는 돈은 월급이라고 하기에도 부끄러울 정도였다. 차 역시 중고차로 다른 사람으로부터 얻은 것이고 기름값이 무서워 주차장에 먼지만 뽀얗게 쌓여 있을 때가 많았다.

오히려 나는 열정적으로 사역하는 그 후배를 지켜보며 부러워하고 있던 터였다. 가정 형편이 어려움에도 늘 웃음을 잃지 않으며 다양한 재능으로 사역하는 그 후배의 모습은 내게 늘 감동을 주곤 했다. 그런데 그 후배는 자신의 장점은 보지 못하고 겉으로 보기에 잘 풀리는 것 같은 날 부러워했던 것이다.

이런 속내를 그 후배에게 이야기해 주니 놀라면서도 오히려 믿기지 않는 듯한 표정이었다.

　많은 사람들이 이 후배와 비슷한 마음을 가지고 있는 것 같다. 남들은 다들 행복하게 잘 살면서 하는 일마다 다 잘 풀리는데 자기는 되는 일이 하나도 없다는 착각 속에 살아간다. 다른 그 누구도 아닌 스스로가 불행이라는 틀 안에 자신을 가두어 버리는 것이다. 그런 우리들의 삶을 영상으로 재치 있게 담아 낸 광고가 있다. 모 회사의 음료 광고인데 그 줄거리는 이렇다.

　늦은 밤 포장마차에서 한 남자가 직장 동료와 술을 마시며 사표를 쓸까 말까 고민하고 있다. 그런 그들의 모습은 드라마의 한 장면이 되어 텔레비전에 나오고 한 실업자가 방에 누워 그 장면을 지켜 본다. 그러면서 "부럽다. 취직을 해야 사표를 쓰지"라고 말한다. 이 청년의 모습이 또다시 텔레비전에 등장하고 이 장면을 군대에 있는 한 신병이 바라본다. 그 군인은 '부럽다. 누워서 TV도 보고'라며 속으로 마냥 부러워한다. 이런 신병의 모습을 처음에 나왔던 그 직장인들이 포장마차에 있는 텔레비전를 통해 보면서 "야, 부럽다. 저땐 그래도 제대만 하면 끝이었는데"라며 웃음 짓는다. 그러고는 "세상 사는 게 피로하지 않은 사람은 없습니다"라는 문장이 화면에 나타나면서 광고는 끝을 맺는다.

　짧은 내용이지만 참 공감이 가는 광고였다. 그 이유는 아마도 내가 그들의 삶을 살아 봤기 때문인지도 모른다. 이 세상의 많은 사람들이 그렇게 살아간다. 직장인이 부러운 사람, 직업이 없어서 집에서 쉬는 것이 부러운 사람, 군대생활을 할 때가 좋았다고 기억하는 사람도 있다.

이처럼 자신의 처지를 객관적으로 바라보지 못하고 주관적으로 보는 사람들, 긍정적으로 생각하지 못하고 부정적으로만 생각하는 사람들이 있다. 가진 것을 보지 못하고 가지지 못한 것만 보는 사람들, 잘되는 것을 깨닫지 못하고 잘되지 않는 것에만 불만을 가진 사람들 말이다. 하지만 사람은 누구나 어떤 상황에 처해 있든지 그 나름대로의 장점이 있다. 아무리 최악의 상황에 처해 있다 하더라도 그 안에 분명 예상치 못한 기회와 귀하디 귀한 보석과 같은 축복이 있게 마련이다.

내 인생의 굳은살

양팔과 양다리가 없는 몸으로 태어난 닉 부이치치. 그러나 그는 지금 엄청난 돈을 받고 전 세계를 다니며 자신의 삶을 통해 사람들에게 희망을 전하는 스타 강사이자 작가가 되었다. 얼마 전에는 아리따운 여성과 결혼도 했다. 만약 나와 여러분이 그와 같은 몸을 갖고 태어났다면 어땠을까? 오늘날의 그처럼 오히려 사지가 멀쩡한 사람들에게 희망을 전하는 메신저가 되었을까, 아니면 자신의 처지를 비관하며 술과 신세 한탄에 빠져 허우적대는 비참한 삶을 살고 있을까?

세상에 사는 그 어떤 사람도 힘들지 않은 사람은 없다. 돈이 많은 사람도, 건강한 사람도, 높은 지위에 있는 사람도 각자 자신의 삶에 따른 고통과 어려움이 있기 마련이다. 다만 서로 가지고 있는 것이 다르고 힘들어 하는 이유가 다를 뿐이다. 그 모든 삶의 무거운 짐들은 우리가 충분히 감당할 수 있는 것이고 피할 길이 있다고 성경은 말하고 있다.

> 사람이 감당할 시험밖에는 너희가 당한 것이 없나니 오직 하나님은 미쁘사 너희가 감당치 못할 시험 당함을 허락지 아니하시고 시험 당할 즈음에 또한 피할 길을 내사 너희로 능히 감당하게 하시느니라 고전 10:13

　어린 시절 우리 집에는 음악을 유난히 좋아하는 형들 덕분에 기타와 드럼을 비롯한 다양한 악기들과 고가의 음향기기가 있었다. 그래서인지 나에게 특별한 음악적 재능이 있었던 것은 아니지만 덩달아 일찍부터 음악의 즐거움을 접할 수 있었다. 특히 기타에 취미를 붙여서 초등학교 때부터 12줄짜리 기타를 치기도 했다.
　그런데 어린 나이라 큰 기타를 치다 보니 금세 손가락의 살이 벗겨지고 굳은살이 생겼다. 살이 벗겨졌을 땐 너무 아파서 기타 줄을 만질 수조차 없었다. 그러나 형들은 나에게 그 단계를 넘어서야만 기타를 잘 칠 수 있다고 격려했다. 그래서 나는 이를 악물고 기타 줄을 눌렀고 정말 굳은살이 생겨났다. 그랬더니 기타를 치기가 한결 수월해졌고 더 어려운 코드도 쉽게 잡을 수 있었다. 그렇게 몇 차례 굳은살이 생기고 나니 그 이후로는 아무리 코드를 눌러도 손가락이 아프지 않았고 기타 치는 재미도 한층 더했다. 만약 그때 아프다고 포기했다면 아마도 난 지금까지도 기타를 치는 사람들을 보며 마냥 부러워만 했을지도 모른다.

그렇다. 이처럼 그리스도인에게는 믿음의 굳은살이 만들어져야 한다. 때로는 마음의 상처가 있을 수도 있고 분노와 죄책감에 시달릴 때도 있다. 그러나 그 모든 것을 잘 인내하고 극복하여 믿음의 굳은살이 생겨날 때 우리는 조금 더 여유롭고 강한 주의 군사로 거듭날 수 있다. 하나님께서는 그 굳은살을 만들어 주시려고 우리를 여러 가지 다양한 어려움 가운데 처하도록 허락하시는 것이다. 그래서 나는 이 말씀을 좋아한다.

> 다만 이뿐 아니라 우리가 환난 중에도 즐거워하나니 이는 환난은 인내를, 인내는 연단을, 연단은 소망을 이루는 줄 앎이로다 롬 5:3-4

청년 시절에 이 말씀에 대해 목사님이 '환난', '인내', '연단', '소망'의 앞 글자만 따서 '환인연소의 신앙'이라 부르시는 것을 들은 적이 있다. 그래서 비록 세월이 많이 지났지만 지금까지 그 말씀을 기억하며 살아간다. 힘든 순간이면 '지금이 바로 믿음의 굳은살을 만들고 있는 중이구나' 하면서 조금 더 견뎌 보자며 힘을 낸다. 이 어려운 시기만 이겨 보자고 말이다.

고난, 불변의 성공방정식

성공한 사람들은 하나같이 어려운 시간을 극복한 사람들이다. 고난이 성공을 부른다. 이것은 불변의 성공방정식이다. 어려운 시간들을 극복하는 과정을 통해 그들은 더 강해지고 더 큰 인물로 성장할 수 있기 때문이다. 이런 사례들은 자기계발서나 자전적 이야기를 다룬 책 등을 통해 많이 소개되었다.

그 가운데 나의 흥미를 끈 것이 하나 있다. 바로 페니실린(penicillin)을 발명한 스코틀랜드의 생물학자 알렉산더 플레밍(Alexander Fleming)의 이야기다. 그는 인류의 생명을 구한 위대한 생물학자이지만 그의 연구실은 아주 좁고 환경이 열악했다. 그러나 그러한 환경이 오히려 페니실린을 발견하게 한 중요한 계기가 되었다. 창문 틈으로 날아온 먼지가 페니실린의 재료로 사용된 것이다. 크고 좋은 환경의 연구실이었다면 아마도 페니실린은 발견할 수 없었을지도 모르는 일이다.

그리스도인에게도 고난은 하나님과의 관계에 중요한 연결고리를 제공한다. 히브리서 말씀을 살펴보자.

주께서 그 사랑하시는 자를 징계하시고 그가 받아들이시는 아들마다 채찍질하심이라 하였으니 너희가 참음은 징계를 받기 위함이라 하나님이 아들과 같이 너희를 대우하시나니 어찌 아버지가 징계하지 않는 아들이 있으리요 징계는 다 받는 것이거늘 너희에게 없으면 사생자요 친아들이 아니니라 히 12:6-8

하나님께서 우리를 혼내시고 고난을 허락하시는 이유는 자녀 된 우리를 아끼고 사랑하시기 때문이다. 또한 피조물인 우리에게 관심이 많으시기 때문이다. 하나님의 자녀 된 우리가 잘못된 길로 들어서고 있다면 하나님께서는 우리의 길을 막으신다. 우리를 사랑하시는 하나님께서 우리가 딴 길로 가는 것을 그냥 두실 리가 없기 때문이다. 조금이라도 빨리, 좀더 확실하게 막아서 안전하고 좋은 길로 들어서게 하신다. 뻔히 그 길의 끝이 보이는데 우리를 그냥 내버려 두신다는 것은 아버지 되시는 하나님으로서는 있을 수 없는 일이기 때문이다. 그래서 우리는 가고자 하는 길이 잘 안 풀리고 자꾸 막힐 때, 지금 가고 있는 길이 제대로 된 길인지 먼저 돌아보고 점검할 필요가 있다.

고난, 축복의 전주곡

유대인들에게 가장 큰 명절은 유월절이다. 한국에서 설날에 떡국을 먹듯이 유대인들은 유월절에 '맛소'라는 빵과 단단하게 찐 계란을 먹는다. 그런데 우리가 먹는 부드러운 계란찜이나 프라이와는 달리 그들이 계란을 단단하게 쪄서 먹는 데에는 그만한 이유가 있다. 찔수록 단단해지는 계란을 보면서 온갖 고난과 어려움 속에서도 더 강해지자는 각오를 다지는 것이다. 유대인은 고난을 피해야 할 두려운 존재로서가 아니라, 그것을 통해 자신들을 더욱 강하게 만드는 힘의 원천으로 생각하고 있는 것이다.

고난이 클수록, 힘든 시간이 길어질수록 고난에 대응하는 힘은 더욱 강해지게 마련이다. 길고도 엄청난 무게의 고난을 견딘 사람은 작은 고난 따위는 고난으로 여기지도 않는다. 따라서 웬만한 시련들은 어렵지 않게 견뎌 낼 수 있다. 큰 시련을 이겨 냈기 때문이다. 그러나 고난을 겪어 보지 않은 사람들은, 또 고난 앞에서 포기한 사람들은 작은 어려움에도 쉽게 좌절하고 낙심한다. 요즘 젊은 세대들은 어려서부터 부족함과 어려움이 없이 자라서인지 조금만 힘든 일이 있어도 인내하지 못하는 것 같다.

하지만 성경은 인내를 온전히 이루라고 말한다. 이것은 우리로 하여금 '너 얼만큼이나 참을 수 있는지 보자'는 심술궂은 하나님의 장난이 아니다. 그 시간들을 통하여 부족함이 없는 존재로 설 수 있도록 하시기 위한 것이다.

> 인내를 온전히 이루라 이는 너희로 온전하고 구비하여 조금도 부족함이 없게 하려 함이라 약 1:4

그냥 아무 의미 없는 인생을 살려고 한다면 굳이 인내하거나 참을 필요가 없다. 그저 마음 가는 대로 행동하고 원하는 대로 살면 그만이다. 어려움이 닥쳤을 땐 쉽게 포기하면 된다. 직장 상사가 괴롭힐 때 한바탕 대들고 사표를 던지면 끝이다. 그리고 인생을 무의미하게 사는 거다. 그러면 인내하며 살 필요가 없다.

하지만 제대로 한번 살아보려 한다면, 그래도 이 세상에 이름 석자라도 남기고 무엇보다 하나님께서 크게 쓰시는 종으로 서고 싶다면 우리는 반드시 고난의 시간을 견뎌야 한다. 물론 힘든 고난의 순간들이 내 앞에 다가왔을 때, 빨리 지나갔으면 하고 바라는 것이 인지상정이다. 그러나 고난은 그리스도인이라면 반드시 거쳐야 할 훈련 과정이다. 고난을 피할 생각이라면 차라리 신앙을 버리는 것이 낫다. 모든 능력을 가지신 예수님도 십자가의 고통을 당하셨음을 잊지 말아야 한다. 결코 피할 수 없는 그 시간들, 기쁘고 감사한 마음으로 즐기며 보낼 것인지 인상을 쓰며 억지로 끌려갈 것인지, 선택은 바로 자기 자신에게 달려 있다.

내 형제들아 너희가 여러 가지 시험을 당하거든 온전히 기쁘게 여기라 약 1:2

억지로 참는 정도가 아니라 기쁘게 여겨야 한다. 그것도 온전히 기쁘게. 이 말은 그리스도인이 시험을 당하는 것은 이미 기정 사실이라는 것을 전제하고 있다. 당신만 세상살기가 힘들다고 착각하지 말라. 다른 사람들도 힘들다. 그러나 다들 그걸 이기며 자신을 더 강하게 만들어 가는 것이다. 고난이 없으면 축복도 없다. 고난은 우리를 향한 축복의 전주곡이기 때문이다.

닫는 글

생각해 보면 우리는 모두 착각 속에 살아갑니다. 부모들은 아이가 그저 아무 의미 없이 하는 옹알이를 듣고 제각기 "이것 봐, 아빠라고 그래!", "아기가 엄마라고 하네!"라며 흥분을 감추지 못하곤 하죠. 어디 그뿐인가요? 아이가 알파벳을 배우기 시작하면 금방 유창한 영어를 구사해 일류 대학에 갈 것만 같고 인생의 탄탄대로를 걷게 될 거라 믿어 의심치 않습니다. 물론 그 착각은 아이가 유치원을 지나 초등학교에 다니기 시작하면서 서서히 깨지기 시작하지요.

누구나 다 그렇게 아빠가 되고 엄마가 되는 것을 배워 갑니다. 하지만 이처럼 하나하나 직접 경험하며 배워 가기엔 아이들은 너무 빨리 커버립니다. 그래서 부모들은 책도 읽고, 세미나도 참석하고 열심히 자녀 교육에 관한 강연도 들어 봅니다. 그러면서 시행착오를 줄이고 좀더 일찍 아이들에게 정말 좋은 아빠와 엄마가 되려 노력합니다.

우리의 신앙도 다르지 않습니다. 우리는 각자 속한 교회와 세상 속에서 많은 시행착오를 겪으며 울기도 하고 분노하기도 하고 때로 한숨 짓는 가운데 조금씩 신앙이 성숙해 갑니다. 그러면서 신앙이 더 견고해지기도 하지만, 때로는 실족하여 교회를 등지고 오히려 교회에 손가락질하는 사람이 되는 안타까운 모습도 종종 보게 됩니다.

저보다 어린 후배들이나 이제 막 신앙생활을 시작한 분들은 가급적이면 그러한 시행착오를 겪지 않았으면 하는 마음으로 펜을 들게 되었습니다. 그리고 초등학교 때 처음 교회를 다니기 시작해서 하나님을 만나고 목회자가 된 지금까지 깨달았던 것들을 메모하고 기억을 끄집어 내면서 원고를 한장 한장 써내려가 한 권의 책으로 엮게 되었습니다.

신학을 공부했지만 신학적으로 너무 깊이 들어가기보다는, 가급적이면 독자들이 어렵지 않게 읽을 수 있도록 했습니다. 이 책의 내용은 설교 시간과 성경공부 등을 통하여 익히 알고 있는 것일 수도 있습니다. 하지만 미처 생각하지 못했던 부분, 알고는 있지만 잊고 살았던 부분, 전혀 접하지 못했던 내용들도 있을 것입니다. 이 책을 통해 그동안 몰랐던 사실을 새롭게 알게 되고, 잘못 알고 있던 것들은 제대로 깨닫는 기회가 되시기를 바라는 마음 간절합니다.

부족하지만 이 글을 쓸 수 있는 신앙의 틀을 만들어 준 저의 큰형이자 또 아버지와도 같은 문재승 목사님, 그리고 든든한 기도의 후원자이신 어머니, 가족 못지 않게 늘 기도와 사랑으로 함께해 준 예원교회 지체들에게 감사의 마음을 전합니다. 그리고 예배와 교제 가운데 깊은 교감을 나누었던 (주)SK신우회 형제 자매 여러분께 이 자리를 빌려 보고 싶다는 말을 하고 싶습니다. 또한 저의 글을 한 권의 소중한 책으로 나올 수 있도록 도와주신 홍성사 모든 분들께 진심으로 고마움을 전합니다.

무엇보다 저의 힘든 시간들을 잘 견딜 수 있도록 함께해 준 사랑하는 아내와 두 딸 정원, 정연에게 사랑한다는 말을 전합니다. 그동안의 모든 복잡한 심경이야 이루 다 말할 수 없지만 처음부터 지금 이 순간까지 함께 있다는 사실만으로도 감사하고 행복하기 때문입니다.

이 모든 것 하나님께 감사와 영광을 올려 드립니다.

그리스도인의 착각 25
25 Christian's Misconceptions

2016. 11. 2. 초판 1쇄 인쇄
2016. 11. 9. 초판 1쇄 발행

지은이 문인수
펴낸이 정애주
국효숙 김기민 김의연 김준표 김진원 박세정
송승호 오민택 오형탁 윤진숙 임승철 임진아
이한별 정성혜 조주영 차길환 한미영 허은
펴낸곳 주식회사 홍성사
등록번호 제1-499호 1977. 8. 1.
주소 (04084) 서울시 마포구 양화진4길 3
전화 02) 333-5161
팩스 02) 333-5165
홈페이지 www.hsbooks.com
이메일 hsbooks@hsbooks.com
페이스북 facebook.com/hongsungsa
양화진책방 02) 333-5163

ⓒ 문인수, 2016

• 잘못된 책은 바꿔 드립니다.
• 책값은 뒤표지에 있습니다.
• 이 도서의 국립중앙도서관 출판예정도서목록(CIP)은
  서지정보유통지원시스템 홈페이지(http://seoji.nl.go.kr)와
  국가자료공동목록시스템(http://www.nl.go.kr/kolisnet)에서
  이용하실 수 있습니다.(CIP제어번호: CIP2016026166)

ISBN 978-89-365-1190-6 (03230)